阅读成就思想……

Read to Achieve

新媒体运营系列

百万级UP主视频运营实战笔记

老丁是个生意人 ◎著

中国人民大学出版社

·北京·

图书在版编目（CIP）数据

百万级UP主视频运营实战笔记 / 老丁是个生意人著. -- 北京：中国人民大学出版社，2022.7
ISBN 978-7-300-30721-3

Ⅰ. ①百… Ⅱ. ①老… Ⅲ. ①网络营销 Ⅳ. ①F713.365.2

中国版本图书馆CIP数据核字(2022)第098344号

百万级UP主视频运营实战笔记
老丁是个生意人　著
Baiwan Ji UPzhu Shipin Yunying Shizhan Biji

出版发行	中国人民大学出版社		
社　　址	北京中关村大街31号	邮政编码	100080
电　　话	010-62511242（总编室）	010-62511770（质管部）	
	010-82501766（邮购部）	010-62514148（门市部）	
	010-62515195（发行公司）	010-62515275（盗版举报）	
网　　址	http://www.crup.com.cn		
经　　销	新华书店		
印　　刷	天津中印联印务有限公司		
规　　格	148mm×210mm　32开本	版　次	2022年7月第1版
印　　张	8.375　插页1	印　次	2022年7月第1次印刷
字　　数	116 000	定　价	65.00元

版权所有　　　　侵权必究　　　　印装差错　　　　负责调换

献给我爱的人——我的弟弟丁子晋以及每一个支持和关注我的粉丝朋友

本书赞誉

诚意满满之作。老丁非常无私,这本书是成为知识 UP 主的一个攻略,也真实记录了属于内容创作者们的好年代!

大蜡烛

自媒体是这个时代的红利,每一个处在自媒体领域内的人都将从中获益。老丁是个实战派,自己的账号也做得很好,同时杜绝纸上谈兵。这本书值得推荐给每一个对自媒体感兴趣的人。

李自然说

我认识的非常成熟的 UP 主，本身在全平台就有百万量级粉丝，很难得有一线从业者把自己的方法论整理成书分享给大家，帮助更多人在视频创作的道路上少走弯路。要是我能在做 UP 主之前看到这本书，可能现在我在头条粉丝量比老丁还多呢。

DannyData 小丹尼

老丁将自媒体行业宏观发展结合自身的经验以如此有诚意的方式展现出来，这对真正想要进入自媒体行业创业的所有人来说，都是一份宝贵的礼物。

CashLab 卓倫

本书系统地挖掘了视频运营的规律，兼具操作性和理论观点，是行业的上乘之作。

温义飞的急救财经

做内容是一件极耗费心力的活儿。没有毅力、不爱琢磨的人，建议别碰。老丁这本书是实践出来的心得，所有想做内容的人都值得一读。

小民哥大冒险

本书赞誉

顺应时代的改变，要远胜于无望的坚守，如今个人 IP 新时代已经到来，新时代伴随的是无数意想不到的机遇，我们要相信机遇、拥抱机遇。个人 IP 时代有利于打破个人社交界限，绽放我们自己未知的才华，让我们看到真正的自己。

强儿老师

视频化表达是今天的基本能力，跟日常说话和写作的地位越来越靠近。但真正掌握这个表达技巧的人，仍然只占少数。少数掌握先机的人，吃到了时代的红利。老丁凭借自己的实战经验和超强的理论能力，率先系统性梳理了视频创作和运营的方方面面，是非常难得的资源。

懂站数据创始人　胡延瑞

伴随着通信技术的革命，我们获取信息的方式也在发生着改变，从 2G 时代的纸媒到 3G 时代的门户网站，从 4G 时代的移动 App 再到 5G 时代的视频平台，你也许会感叹：啊！一切发展得好快。让人欣慰的是，未来总会有惊喜，但让人焦虑的是，你不清楚自己能否抓住新的机遇。其实不用担心，无论在什么场景下，一个优秀的内容创作者永远是稀缺的资源。老丁这本书会告诉你，成为一名优秀的内容创作者所需要具备的能力，了解目前视频平台的玩法，是适合新手快速入门到精通的捷径。让我们一起向顶流发起冲锋吧！

璐透社

作为老丁从零开始做财经博主至今的见证者，他对内容的思考、决策、输出、运营和复盘都有一套自己的方法论，非常推荐这本充满实战经验和诚意的书。

极致科创 CEO　文若

很多人写视频创作教程都是清单式的罗列，但老丁这本书的独特之处在于，它不仅能帮助读者建立对视频创作和运营的整体理解，还讲述了很多他在实战中积累的对视频创作和运营的思考，是一本相当不错的视频创作教程。

德荣营销咨询（深圳）有限公司咨询师，UP 主　崔德荣

UP 主是一个新兴职业，但并不是一个简单的职业。要做一名合格的 UP 主，不但要反复地打磨文案，还要不断地精进剪辑技

术，UP主就像导演、编剧、后期处理集一身的产物。不过，你以为这样就结束了？才不是，你还要思考如何变现，如何盈利。所以，UP主虽然可以很快上手，但要以此为生，需要下很大的功夫。老丁是我多年的好友，也是一位极其优秀的UP主，非常激动能有这样一位UP主可以将如此优质的内容分享给任何想成为UP主的人。关键的是，这本书不但包括硬核的干货知识，还有具体的操作指南，不但对想做UP主的新人小伙伴有所帮助，对我们经营自媒体公司，改变剪辑、运营思路也颇有启发。推荐这本书，入手绝对不亏。

爱思考的老梨（梨核财经）

老丁这本书，是视频自媒体初学者的良师益友。

大刘说说

推荐序一

内容创作者的百科全书

夏至,一个较热的夜晚,我收到了丁老师这本书稿,有幸成为第一批读者特别开心,带着虔诚之心迅速阅读起来,发现此书真的是内容创作者的百科全书。

与丁老师相识于 2020 年初,那时的自媒体方兴未艾,大家都在摸索中前行。丁老师当时做了一期关于印度疫情的视频,让我眼前一亮,原来严谨枯燥的内容还可以用讲故事的手法去表达,配上丁老师独特的嗓音,让我就此路转粉。最敬佩的是丁老师的逻辑,记忆中他讲的人口老龄化视频,让我深刻认知到原来我国的老年化产业是那么丰富,看完后的如沐春风之感迎面而来。为这样优秀的

UP 主写序言是我的荣幸。

我和丁老师刚做视频时，还没有所谓的短、中、长视频三者之间的明显划分，但是身为内容创作者的我们，内心都无比坚定地相信，把一个点说清楚、说透彻是我们必须做的。既然要说清楚，就会涉及大量的知识储备，这对于 UP 主的要求就会增加一分。当下大家都迫切地想找到视频爆款的逻辑，流于表象的多，深挖内容运营的少，觉得热点来了就去追，而不去思考热点背后的底层逻辑。其实，有这种观点是由于对内容的偏见所致。

海外视频巨头 Youtube 的一组数据表明，观看者对于有深度的内容，能保持长时间的好奇及关注度。观众对于知识的需求从未停止，不是爆款逻辑催生视频火了，而是你踏踏实实深挖了视频的内容。视频能做好的人，首先说明他具备足够的知识体系，而一个具备足够知识体系的人，是不屑于流于表象的。这就好比你要面对两个选择，一个简单，一个困难。选择简单，我们的成长度就有限，但选择困难，我们会成长飞快。所以，如果你想成为视频创作者，请一定要读读丁老师的这本书，它由浅入深为我们完整地剖析了内

推荐序一　内容创作者的百科全书

容创作者最重要的三要素：如何创作、如何选平台、如何盈利。

阅读此书的你，不知你是否也有相同的经历？如果是同行，这本书可以为你带来内容升级的思路；如果你有一定经验，但是并不全面，这本书可以让你快速形成做内容的方法论；如果你是小白，想朝着内容创作者去发展，这本书可以让你少走很多弯路。

希望大家读完此书后，我们能一起成长，为我国的视频内容创作尽一份力，为了自己的梦想再朝前迈一步。感谢丁老师付出大量心血写出这本书，让我也成长很多，谢谢！

刘智（智友社侃盘）

于 2022 年 6 月 17 日凌晨

推荐序二

匠人，匠心！

前不久，老丁找到我，让我帮他的新书写一篇序，我感到非常荣幸。老丁已经是100多万粉丝的博主了，而我还停留在50多万，止步不前。

我看完老丁的这本书后只有一个感受："写得太实在了。"如果你能认真读完并付诸行动，你会发现，赚钱并没有想象的那么难。之所以说这本书"实在"，是因为老丁在书中把整个行业的实操全都讲清楚了，手把手教新人做好了每个环节。我们的很多同行，包括我自己在内，每天都忙于自己的小事业，哪有精力去做这么完整的几万字的分享？老丁是个实在人，做了这件实在事。

对于这本已经非常完整的实战笔记，我只能浅显地补充一些自己的亲身经验，作为和老丁对比的反面教材。

老丁涨粉比我快的关键原因，在于他提到了"匠人"那个词。做这一行，需要很强的"匠心"。老丁通过快速写稿、磨稿，达到了快速涨粉的效果；而我停滞不前的很大原因，就是我身兼多职，稿子创作周期长，也没有仔细打磨。很多时候我觉得，讲到位就行了，而没有去把握稿件的节奏感。

一篇好的稿件必须经过构思、初创、打磨，才能形成最终文案。想想当年巫师财经刚登场的时候，文案是多么惊艳，堪比高考满分作文！这样的博主，怎能不火？

"匠人"代表着个人的特质。类似 B 站这样个人 IP 属性很强的网站，网友都会喜欢有专注领域的博主。专注意味着专业，意味着粉丝的信任。

"匠人"还意味着深度。任何一件事情，如果我们去深挖，都能挖出很多细致入微的材料。如果不去挖，一直讲一些浅薄的内

推荐序二 匠人，匠心！

容，那自然不会涨粉。一定要深挖，像调查真相的记者那样，多方梳理，寻找问题背后的症结，这才是引爆共鸣的关键。

如果要我去总结做好一个知识区博主的关键词，我会按顺序给出这些词：匠心、勤奋、打磨、深度、复盘、反思。在这里，我并不想班门弄斧，一一解释我列出这些词的含义，因为老丁在书中已经详细解释了每一个词。希望读者在读完全书之后，再来看一眼我列的这六个词，想必那时候就能明白创作的真谛了。

至于变现、商业化，这些是后话，读者不必担忧。我一直说，创业，创的是事业，钱是事业的副产品，你没听人说过"创钱"吧？

我力荐老丁的这本实在书，相信你读完必有收获。

刺客政经

一个老丁的粉丝

于 2022 年 6 月 10 日

推荐序三

同是追梦人

一入 UP 深似海。

大多数人会认为,一个拥有几十万粉丝的大 V、UP 主,他一定是天选之子。

实则不然。我相信勤奋,从不相信偶然。

这个世界远没有到拼天赋的时候,你稍微努力些就能跑赢大盘。

在《乐队的夏天》节目中,有一段对重塑乐队的采访。华东是这样说的:"我没有什么灵感,我不相信这种东西。没有积累的这种灵感,我觉得是靠不住的。"接下来镜头一转,画面里出现了重塑乐队三个成员日复一日重复枯燥的排练,几近于苦行僧的修行。这哪里是重塑,这分明就是重复。最后,重塑乐队作为黑马,赢得了那一季的冠军。通过这个故事,我想告诉你的是:只要你有梦想,就应该为之努力奋斗,脚踏实地地去实现它。

大 V 也是普通人。他们和你一样,今日聚光灯下的光鲜靓丽,无不是在日复一日的重复里被磨平棱角,在没人关注的角落里重复着枯燥的成长。

想要做好一份工作,只需要你有专才(娴熟的专项技能),但想成为一名 UP 主,可能需要你有一些通才(选题、策划、写稿、剪辑、镜头表演、美术制作、粉丝运营等)。

一直以来,如何成为一名合格的 UP 主/视频创作者,鲜有人能手把手为我们带来分门别类的、循循善诱的,甚至傻瓜式的指导;行业里更多的是采用夸大收益的、言必称可速成的、割韭菜式的交学费培训。然而,很多时候钱花了,最终却什么也没有学到。

推荐序三 同是追梦人

而老丁这本书,正如甘霖降下,也是应市场之急,给那些期望做副业创收和灵活就业的朋友们,及时送上了一场自我进击的饕餮盛宴。

在这本书中,没有华丽和玄妙的预设,唯有朴实的语言。老丁从一个过来人的角度,带领我们从宏观和微观两条虚实线出发,一起完成一场从新人到合格 UP 主这个朴素目标的穿越和蜕变。

所谓宏观,就是成为一名 UP 主到底需要掌握哪些知识?需要积累哪些经验?到底有多少技能树需要点开?他在书中指给你看。

所谓微观,就是以过来人的视角,带你重温一名新人 UP 主到百万级大 V 的成长经历,帮你解决痛点——如何才能将宏观上的知识和经验对号入座,运用到自己的身上?他在书中教给你做。

看到这本书的朋友们也很幸运,因为在你们起步的时候,能有人教你们怎么去做,所以你们有机会少走许多弯路。

自媒体时代远没有结束,当下不过是下一个新时代的开始。

这本书的读者们,欢迎你们与我一起踏上新的征程,一起追寻下个时代的"One Piece"[①]!

我是@烈焰童子,和老丁一样,既是普通人,也都是追梦人!

烈焰童子

[①] 出自日本漫画作品《海贼王》,指"海贼王"哥尔·D. 罗杰在临死前让人们去寻找的大秘宝。

前言

人人皆是 UP 主

2019年四季度，B站出现了两匹黑马，一个是半佛仙人，一个是巫师财经。这两个账号在短短两三个月的时间里涨粉200多万，在当时可以说是一次现象级事件。最重要的是，在当年的年终会议上，B站董事长陈睿宣布在2020年将投入巨额资金扶持UP主，而这笔"巨额资金"相当于当时B站市值的10%。是的，不是账面现金的10%，而是市值的10%。这算是地利。

另一件事也发生在2019年四季度，就是新冠肺炎疫情的侵袭。这次疫情的来袭真正被全国人民注意到，时间已经临近2020年的春节。人们一边迎接新年的到来，一边为疫情造成的影响而悲伤。

疫情的到来让人们无法出门，再加上春节期间人们有了更多的时间"休闲在家"，所以线上各大视频平台、游戏平台、直播平台等都出现了流量暴涨的现象。疫情带来的延迟复工又使得这种现象持续的时间也变长了。这算是天时。

对于很多行业的人来说，长时间没有复工，就没有了收入来源，所以很多人为了表达情绪、观点，就做起了视频，尝试在线上赚钱。有时间、有能力、有情绪、有观点，这些叠加起来促使很多人走上了 UP 主这条路，我也是其中一员。这算是人和。

当天时、地利、人和都指向同一个方向的时候，这股视频风就被吹起来了。而促使知识区、财经区的这股风吹起来的，还是发生在 2020 年 3 月的美股熔断事件。几十年才出现一次的大暴跌让人们变得惴惴不安，也使得大家对熔断、崩盘、放水等财经词汇的关注度骤升。从此之后，知识区 UP 主如雨后春笋般涌现，并呈现高速增长的态势，如所长林超、温义飞的急救财经、梨核财经等都开始逐步成长。慢慢地，这些人也成了大家颇为熟悉的 UP 主。

前言 人人皆是 UP 主

今天，每个 UP 主都擅长在不同的平台发展，有的注重抖音、快手的短视频，有的专攻西瓜视频、B 站的中视频，也有在腾讯视频、优酷、爱奇艺平台做长视频的。但殊途同归，不管是 3 分钟、10 分钟，还是两个小时，它们其实都是为了内容服务。就像一部电影，其时长其实并没有相应的规定，不必一定卡在某个时长，因为有很多影片就是需要用更长的时间，才能更好地表达主题。所以，做视频不要被时长限制住，你的一切都是为你要表达的主题服务的。如果你要表达的主题需要 10 分钟，那就做 10 分钟的内容；如果 1 分钟最好，那就做 1 分钟的视频。不过不论是快手，还是抖音，都在逐渐从 15 秒的短视频向 1 分钟的短视频过渡，如今也在向 5 分钟以上的中视频发力；不要被时长所限制，但是也要看到时长对于视频平台的价值和趋势。过去的短视频平台开始逐渐向中视频发力的标志是，在 2021 年年中，以抖音平台为首的短视频平台推出了中视频计划。

由于很多 UP 主都具备了很完善的方法论，也看到了趋势，所以在他们成为大 V 之后，博主圈里又刮起了一波 MCN① 风潮。巫师财经、温义飞、李自然、半佛仙人都分别成立了自己的 MCN 公司，我也趁此机会做了一个达人孵化工作室。在这之后，我接触过很多人，他们都有同一个目标，就是希望成为一名 UP 主。

因此，我开始尝试总结我成功的经验，并且想要将其一个一个复制下去。"如果能够在每个博主那里占有一点股份，那也算是积累了一笔笔长期资产。"这是我曾经的想法。但是在博主孵化的过程中会遇到很多问题。最严重的问题是，当一个博主开始逐渐成长起来的时候，就会出现核心竞争力过于集中、股权松动的现象。好消息是，在这个的过程中，我们总结了一整套方法论，按照这套方法论一步一步执行下去，我们的成功率就能达到 80%。

人人皆是 UP 主，这是在这个过程中我所体会到的。每个人身上都有自己专属的亮点，可能是性格，可能是美貌，可能是知识，也可能是所处的环境。你的与众不同就是你成为 UP 主的本钱，只

---

① MCN 是一种新的网红经济运作模式。这种模式将不同类型和内容的 PGC（专业生产内容）联合起来，在资本的有力支持下，保障内容的持续输出，从而最终实现商业的稳定变现。

前言 人人皆是 UP 主

不过在寻求巨量增长和商业化的方式和空间上，不同的人会存在不同的难度。

因此，我把这一整套方法整理出来，并形成了这本书。我希望能够帮助更多的人走上 UP 主这条路，让大家在自媒体这条路上走得更顺畅些。多个技能多条路，多一次尝试就多一种可能，在今后面对更内卷的求职竞争环境时，每个人都可以尝试多元化发展，掌握多元化技能，这也是提升自己职业生涯长度和广度的好方法。

在这本书中，我会从更实操的层面入手，对从零开始到成为 UP 主的每一个阶段所遇到的问题都一一做了解答。俗话说万事开头难，从零到一的阶段是养成习惯、形成方法、积累能量的阶段，这个阶段做好了，即使只靠惯性，也会让子弹飞很久。

本书共 11 章，第 1~4 章阐述的是我们在起号阶段会遇到的问题，以及相应的解决方法，也是本书最关键的内容。第 5~7 章介绍我们在后续运营、维护账号的过程中最重要的部分，即用户运营、数据复盘、商业变现。第 8~11 章是为了帮助大家更好地理解 UP 主这个职业。UP 主只是所有工作的其中一个环节，我们要用更广阔的视野来看这件事，也会更好地理解这个行业。

这本书的观点仅代表我此时此刻的经验和理解，因认知和阅历有限，可能某些观点会在未来几年出现新的发展。一本书不可能适合所有人，也无法解决每个人的每一个问题，但本书一定是一本充满实战经验和诚意的书。如果大家想与我交流，也可以关注我的抖音、西瓜视频、B站、公众号、微博，全网同名"老丁是个生意人"。

CONTENTS / 目录

第1章 在流水的平台，成为铁打的IP　　1

我们都有机会分一杯羹　　3
不是顶级专家，也能成为佼佼者　　7
想当冠军，就不要害怕竞争　　10
弄清责任与利益分配，再找合伙人　　13

第2章 账号定位：从现有的资源中寻找可能性　　21

用4W1H方法找准你的方向　　23
用4W1H方法做内容定位　　26
用4W1H方法做人设定位　　32

90%的人愿意做，但只有10%的人会执行　　37

第3章　内容运营：好视频是怎么做出来的　　41

高质量视频都有一个好节奏　　43

不同内容，决定其是否优质的关键点不同　　46

要做好内容，先做好市场调研　　48

如何写好文案　　52

录音、录像都要规范　　73

搞定剪辑，细节不容忽视　　75

第4章　平台运营：找到流量密码　　81

分析不同平台的属性和特点　　83

针对不同的平台，找到不同的运营策略　　85

如何获得平台的首页推荐　　90

关键词搜索页与其他流量入口　　106

不同平台的推荐逻辑不同　　111

第5章　用户运营：用心了解用户群体　127

了解用户属性和用户行为　130

做好精细化管理，形成粉丝能量磁场　137

运营活动的策划、执行、监控、复盘　141

第6章　数据运营：复盘时用数据说话　147

统计关键视频数据，避免与市场脱节　149

在数据对比中才能看到视频优劣　152

定期数据复盘需对比的关键指标　156

我的首次复盘案例　159

第7章　商业变现：保持情怀，学会变现　161

不必一开始就有清晰的变现路径　163

变现方式一：流量变现　165

变现方式二：商业广告　166

变现方式三：签约　170

变现方式四：电商与知识付费　　　　　　　　172

第8章　个人、MCN 与平台的产业链关系　　175

视频创作者也将进入匠人时代　　　　　　　177
火眼金睛，看清形形色色的 MCN　　　　　　180
面对众多平台，先抱一条大腿　　　　　　　185

第9章　UP 主成长路上的其他难关　　187

持续输入，才能持续输出　　　　　　　　　189
全职还是兼职，取决于能力和现金流　　　　191
真正热爱，切忌急功近利　　　　　　　　　193
内容品质、更新速度要因时而异　　　　　　194

第10章　从平台的过去判断未来　　197

视频平台的宏观环境变化　　　　　　　　　199
UP 主未来的机会点　　　　　　　　　　　　202

在甲方客户面前，如何坚持做自己 　　　205

UP 主如何才能一直火下去 　　　207

第 11 章　关于视频运营，你还需要了解的内容　　　209

你必须懂得做生意的逻辑 　　　212

如何在市场中找到机会 　　　217

关于创业，最重要的事 　　　222

用投资的视角看待 UP 主 　　　225

后记　看清环境，看清自己　　　231

第 1 章

在流水的平台,成为铁打的 IP

第 1 章 在流水的平台，成为铁打的 IP

我们都有机会分一杯羹

UP 是 upload（上传）的简称，UP 主也可以称为上传者，指在视频网站、论坛等平台上传音视频的人，我们也可以称之为博主。

这个行业有一个特征，就是在行业里的人觉得这个行业好容易呀，即使今天一切归零，也可以很快重新站起来；在行业外的人就会觉得这个行业好"内卷"呀，有这么多人都在做 UP 主，自己怎么可能做成呢？现象本身不重要，重要的是这个现象反映出来的重要意义，证明了这个行业的成功是有迹可循的。一个人到底是处在行业里还是行业外，差别就在于对市场和方法的认知程度。

我见过很多人在看到 UP 主（博主）动辄几十万上百万的收入之后，就一腔热血地也想要进入这个行业。在这之前，我想着重提醒各位，一定要想清楚，你为什么要做一名 UP 主。是为了找到志同道合的人，是为了赚钱，还是为了提升自身的影响力？不管是什么原因，我都希望你能坚定自己的立场。有情怀的人在这条路上既会走得更远，还有钱赚，也只有这样才会走得更舒适。

通常来说，UP 主最主要的收入来源来自流量播放、打赏（充电）、商单广告、电商带货、签约等，这些收入占大多数 UP 主收入的 90%。这里面有一个关键点，那就是很多 UP 主会单单聚焦在 B 站。其实不然，既然有作品为什么不多平台发呢？西瓜视频、抖音、今日头条、小红书、腾讯企鹅号、视频号、快手、百家号、微博、公众号、网易号、YouTube……这些都是可以给我们带来收入的平台。因此，定位很重要，在一开始的规划阶段，就尽量做到你自己是铁打的 IP，它们是流水的平台。对于这一点，我们在后面会进行更详细的阐述。

不论是基于收入，还是基于情怀，有很多人开始了自己的 UP 主之路，剪辑、拍摄、运营……市面上已经有很多这种类型的课程，但是很多人在花了大价钱学完之后，仍然会感觉无从下手，或者说做出来的成品（视频）依然惨不忍睹。

造成这种情况的原因主要有三个。

一是学习的行业领域不匹配。比如，在视频媒体这个行业，剧情类、混剪类、出镜口播类……其中每一个都是单独的小领域，虽然有相通的地方，但是它们又各有各的属性和方法。跟剧情类的老师很难学到vlog和知识区口播的方法；跟知识区的老师也学不到其他类需要的节奏。

二是教学资源与学生所处阶段不匹配。市面上很多教人做视频的老师更多属于咨询类型，他们主要做大号，用的是大资金、高资源的方法，对在这个领域已经小有所成的人会更有帮助，而对于那些从零开始的人，他们就会茫然无措。

例如，当一个新手从零开始做视频时，他遇到的不仅仅是运营方法、视频画面、拍摄题材等问题。很多时候，他的疑问是："话说不好怎么办？""录音、录像时要如何调整个人的精神状态？""如何评估自己是否能做起来？""做这件事到底能赚多少钱？""第一个视频什么时候发？""如何给自己的账号起名字？""做了美食视频之后，是不是以后就不能换领域了？""在一开始的时候要准备很多设备吗？"……而这些问题都是进入成熟阶段后的 UP 主不会再遇到的。

三是你自己的问题。很多人跟我说过自己想成为一名 UP 主，可最后 100 个人当中，能做出第一个视频的还不到 10 个，愿意持续多做几个视频的，更是寥寥无几。

因此，在这个过程当中，你也要做好一点心理准备。最坏的结果就是，前五个视频你可能没有收到任何效果，但是第六个就会爆，达到了你想要的效果。如果没做出五个能够让你自己满意的视频，就不要说自己尝试过。

在这里，我分享下我是如何成为 UP 主的。我有一个习惯，就是每天都会去看当天发生的新闻，这件事对我产生的影响极大。在 2020 年 1 月初的某一天，我看到这样一条新闻："2020 年 B 站将投入 8 亿美元用于 UP 主的内容扶持。"这个新闻刚出来的时候，我发现 B 站的市值只有 80 亿美元。也就是说，在 2020 年，这家公司居然打算拿出公司市值的 10% 用来投资 UP 主，当时就想这也太激进了吧。

因此，从那时起，我就开始关注这个行业，并下载了 B 站。我在想自己是否也能在这样的环境中分一杯羹呢？但是我对这个行业一无所知，没有经常写文章的习惯，也不会剪辑视频，完全就是一个行业小白，那我还能做这件事吗？

不是顶级专家，也能成为佼佼者

在进行实操前，我认为大家有必要先了解一下这个行业的一些现状。以 B 站为例，站在 2022 年年初看过去两年的数据。先看供给端，B 站 2021 年月均活跃 UP 主达 270 万，同比增长 61%。月投稿量突破 1000 万，同比增长 80%。而在消费端，2020 年 9 月至 2021 年 8 月，UP 主投稿视频播放量 4500 亿+。

这个数据同时也说明了，在过去一年，我们人均在 B 站看过 300+ 视频。而我们做 UP 主，其实就是与月均活跃的 270 万个 UP 主进行竞争，争的就是这个平台里一年 4500 亿+ 的播放量。

在 UP 主里面，有 61% 是男性，只有 39% 是女性。其中很重要的原因是，游戏区和知识区这两大分区的爱好者都是以男性为主。

在 2021 年，B 站、西瓜视频、抖音平台将 70% 的流量都给了中小 UP 主以及新人 UP 主，所以我们看到了很多新人的崛起。这对于行业新人来说，无疑是一件利好的事情。

在现有的 UP 主当中，其实更多的人是处在兼职 UP 主的状态，因为全职 UP 主在前期是很难完全养活自己的。以知识区为例，一个在 B 站的粉丝量在 5 万以下的 UP 主，是很难接到商单的，这个时期的收入更多来自视频的播放收益，以及粉丝的打赏充电。

在抖音、YouTube、西瓜视频、腾讯企鹅号等平台有个好处，就是播放收益会比 B 站高一些。一个 10 分钟左右的视频，如果在西瓜视频出现了一个小爆款，其播放量破了 10 万，基本上就能获得接近 1000 元的收入；一个 3 分钟左右的视频，如果在抖音上出现了一个爆款，播放量超过 100 万，就能获得几百元的收入；一个 10 分钟的视频，在 YouTube 上有 1 万播放量，基本上会有 300 多元的收入。当然，还有类似企鹅号、网易号等其他平台也会有一些

第1章 在流水的平台，成为铁打的IP

相关收益。

综上所述，我们可以看到，如果你做了一个比较不错的视频，并分发到了各平台上，在前期的时候就可以在各平台获得一些零花钱。如果能够持续做下去，粉丝积累到一定程度，就有机会达到全职状态。因此，我的建议是，新人在一开始做UP主的时候，前半年最好是利用业余时间来做。

大家要认清一个客观事实，就是UP主行业注定了大多数人终将成为炮灰，只有少数人才会成功。但是这个领域和其他行业的最大区别是，它不会因为你不是顶级专家、不够完美，而无法成为佼佼者。就好像半佛仙人、巫师财经、导演小策、盗月社等，他们都不是所处领域的顶级专家，但他们却带来了不一样的东西，满足了不同人群、不同层级的需求。

你可能会在抖音、快手、视频号等平台上看到，即使一个60多岁的老人在视频中跳广场舞，也会有几十万人关注，这就是一种现象。由于平台的算法推荐，我们可能根本不会刷到这些视频，但是会有那么一群人，可能是你身在老家的父母，可能是你的爷爷奶奶,他们就是喜欢这些视频,于是这种类型的博主就诞生了。

很有趣的一点就是,你在做之前并不知道自己是不是受欢迎,到底是哪一群人会喜欢你,以及你在哪个平台才会更受欢迎。

但可以肯定的是,不管你属于哪一类型,全国有10亿多网民,一定会有一群人认可你,并且和你惺惺相惜。只是我们想要找到他们,就需要一些能力,会做视频、会运营、懂平台规则,只有将这些能力综合在一起,你才能更好地把自己展现给大家。那时候,你不仅会收获很多粉丝,还会获得相对应的物质利益。

想当冠军,就不要害怕竞争

在媒体这个领域,有很多牛人,不管是在新华社等官媒,还是在4A公司工作,他们对于媒体、传播、策划都有不错的沉淀,但是为什么这些职场里的"大牛们"却很少在自媒体这个领域中分一杯羹呢?

第 1 章　在流水的平台，成为铁打的 IP

通过与十几位在各媒体领域工作的朋友交流，我得到下面这些解答。

1. 对于媒体，职场运营人更多的是从品牌甲方的角度去理解，并不擅长直接从自媒体创作者的角度去看。

2. 即使知道了自媒体行业发展前景很好，但是在实操方面的经验还是不足，过去工作输出的内容风格并不适合今天自媒体的市场和用户。

3. 自媒体需要一个人同时具备内容输出、运营、剪辑、数据分析、商务等方面的综合能力，但是作为职场运营人，他们只需要做好其中的某一个环节就可以在公司拿到不错的薪水。

4. 以公司的形式形成的成功方法论有一个前提，那就是可以依靠公司的资源、资金。当个人做这些的时候，在缺少资源和资金的前期，过去的一些方法论会大打折扣。

5. 内卷严重的形势下，没有多余的精力去做额外的事情。

6. 压根就没想过。

7. 想过要做，但不是特别清楚自己适合做什么，所以就一直拖着没有做。

从以上一些职场人的反馈来看，这些我们认为"比较懂媒体"的人，之所以没有在这个领域自己做，主要有三个原因：能力不匹配、方向不明确、执行力差。

我想告诉大家的是，在传统思维认知里，会有这样一种想法："如果这件事赚钱，那为什么别人不去做？"大家也看到了，首先因为很多人没想过，甚至根本不了解；其次是知道某些事赚钱但是无奈自己没方法，有了方法但执行力差；最后还有一批人，他们既知道这件事情的好处，也知道怎么做，愿意付诸行动，所以这一小部分人就做成了。

此时，我们再回头看 B 站 2021 年的数据，2021 年月均活跃 UP 主达 270 万，同比增长 61%。这说明愿意付诸行动的人有很多，而且有更多的新人在不断进场。但这不足为惧，一个想当冠军的人，怎么可能会关注有多少对手参赛呢？

弄清责任与利益分配，再找合伙人

做这个行业，我们是选择单干，还是合伙做呢？单干的好处就是权益和责任都属于自己，但是做起来速度慢、成本高；合伙做的好处是权益和责任都要部分分配出去，但是成功率更高，速度也会快一些。

接下来，我们要说的主要是关于合伙这件事。合伙中关于股权分配的问题，很多人会不以为然，但这却是非常重要的部分。如果你选择单干，这段内容可以直接略过；如果你是跟朋友合伙一起做，那么这部分内容对你来说至关重要。

股权分配问题

先说第一点，股权千万不要平均分。如果配置平均分配的股权，当我们面临重大问题的时候，就会出现不可调和的分歧，比如某个模棱两可的商单是否要接？是否要接受某 MCN 的签约邀请？在账号稳定增长但是速度较慢的情况下，内容方向是否要调整？赚到的利润预留多少用于经营？购买设备或者有其他花销的时候要选择多少价位的？……这些都是我们在日常合作中可能会遇到的问题。如果股权是平均分的，这时候就会出现没有一个人能够拍板决定，从而引发团队矛盾的现象，并最终造成不好的结果。

我相信一定会有人想，我们都是朋友，不会出现这种事的，或者遇到事情商量就好了。但是我想告诉你的是，正因为是朋友，所以一定要把一切事情都说明白，这样在将来出现问题时才不会让所有人陷入僵局。能够一起玩耍的人不一定适合一起共事，在合作共事的时候总会遇到不同程度的分歧。

在合伙做事之前，我的建议是，作为内容的主要输出者（核心），或者是做全局安排的那个人要持大股。两个人合伙，股比最好八二开，或者七三开，最坏也要以 51% 和 49% 的比例匹配。如果这个账号的核心人员拿不到大股，利益会促使他终究有一天选择单干。

因此，如果你是大股东，在一开始就要配置好股比。如果你的预期不会再增加人，那就给其他人多一些股份；如果预期有可能还会增加人，那么就提前预留一部分。

如果你是非核心人员，最好主动要求持小股，要有甘当小股东的觉悟。虽然自己持小比例股权，但是会令整个团队更持久、更长远地发展下去，这样自己也会持续受益。

合伙人选择标准

关于选什么样的合伙人，在这里我有一套标准：做事能力要互补，价值标准要相同，预期目标要一致，如遇分歧早决断。

第一，做事能力要互补。 在运营账号时，最好是一个人擅长写文案，另一个人擅长拍摄剪辑，这都属于互补。当两个人的能力不相上下时，问题就出现了，比如你写文案策划的能力很强，对方也很强，那这个团队中可能会出现两个人谁也不服谁的情况。他们都认为自己是专家，最后可能就会导致不欢而散。

第二，价值标准要相同。 合伙人的价值观要大体一致。价值观就是我们对于好坏对错的评判标准。比如，一个客户对接人要求跟你们要回扣，那你是给还是不给？我们的标准是，我们坚决不允许这种事情存在。

我在创业之初就给我和我的伙伴定了六条价值观标准：专业、事实、效率、坦诚、担当、互相成就。"专业"是指我们在做每件事的时候，一定要先学会寻找专业的方法，前人总结的东西，会帮我们规避掉很多不必要的坑。如果是第一次做，那我们就要学会自己总结方法，以便后续再做这件事的时候，有足够专业的理论与经验基础。在做视频时，我们会在周会和日复盘上做总结。比如，写文稿的时候，我们一般有多少种形式？是写故事文还是写分析文？两者的逻辑和差别在哪里？在剪辑成视频的时候，如果不是真人出镜，我们去哪里找素材会更合适？剪辑的时候怎么安排流程才能既保证视频质量，又能提高剪辑效率？而这也正是这本书的写作初衷。

"事实"是指我们要一切从事实出发，所发布的内容必须保持客观，不夸大也不诋毁。同时对于客户以及内部的复盘，都要以事实为基础，不高看自己，也不贬低同行。好就是好，坏就是坏，如果犯了错，就要面对客观事实，这样才能更好地前进。

通常，乙方公司在对接甲方客户的时候，总是喜欢粉饰自己过去的成绩,如夸大自己的粉丝量、播放量等,但是我们对外报的时候,会直接给截图。在做视频的时候,尤其是做财经类的内容时,需要直接以数据为依据,好和坏都是客观事实,不是单靠媒体夸就能把经济夸好的。总之,当我们一切遵循事实的时候,会发现很多事情变得简单多了,同事之间也不扯皮了,粉丝和客户对你也更认可了。

"效率"是指我们不要盲目地加班加点,而是要把复杂的事情流程化、标准化,并学会利用现成的工具和资源来提高效率。

我们在职场中经常会遇到这种情况,有人每天加班加点干活,有人到点就下班了。传统的老板习惯表扬总加班的那个人,给半夜下班并且还发朋友圈的人点赞。这在我们看来是很糟糕的一种风气,这会助长很多同事即使忙完了手头的事情,还在那里干坐着,也不好意思走。其实公司要的是结果,苦劳这种事不值得提倡。只有拿出结果,而且还能在很短时间内高效完成的人,才值得更多的奖励和赞美。这样一来,员工轻松,公司也轻松。

"坦诚、担当、互相成就"也是我们的价值观。有事说事,有一说一，不甩锅，敢担责，这也是士兵能够成为将军的基本素质。每一个合作伙伴，不管是合伙人、员工、客户，还是同行，其实都是一条船上的人，都在互相成就。保持先利他后利己的心态，会让自己后面的路越走越宽。

以上就是我们的价值观。我想说的是，你在做事的时候，也会有你的价值观。合伙人的价值标准一定要跟你是大体一致的，这样在将来遇到任何问题的时候，你们都会更容易处理。而且，还要把所谓的价值观落地，细化到公司的每一条行为准则上。比如，在看指标时，一个团队用 5 个人做了 500 万利润，一个团队用 20 个人做了 800 万利润，你会表扬奖励哪个团队？如果公司的价值观是效率，那其实第一个团队更值得表扬；如果公司重终端结果，那第二个团队更值得奖励。这就是不同价值观会带来不同的行为准则。

第三，预期目标要一致。最好是大家的目标可以长时间保持一致。举个最简单的例子，你希望最终目标是一个月要赚 5 万元，而合伙人觉得如果能够一个月赚 500 元，也就知足了。这时候会出现的问题是，在到达一个月 500 元这个阶段之后，合伙人可能会出现懈怠，但是这个阶段的你还在思考方向，还在大力执行工作，还在追求精益求精。当然，人的目标是会逐渐改变的，所以这一点也不是绝对的，只是在选择合伙人的时候，你也需要了解这一点。

第四，遇分歧早决断。前期再怎么筛选人，最后还是有可能出现纰漏，所以在遇到了非常严重的分歧，尤其是价值观出现不一致，并且你认为这是一个很严重而且无法调和的事情时，要敢于"挥泪斩马谡"。如果不尽早做决断，在将来你们会因同样的原因而遇到更多的麻烦，最后好好的项目可能就这样被拖垮了。

这也就回到了我在前面说的，在合伙做事之前，先把出现僵局情况的解决办法提前放到台面上，比如某个团队成员不想参与了，如何退出？问题有分歧时，谁来拍板？如果加入新成员，如何给其利益等。在开始之前，将这些事情讲清楚并用书面文字记录下来，在将来遇到任何问题时，大家就都能遵守规则，很多事情就变得简单多了。

所谓万事开头难，我们在本章中讲的都是这个行业里最重要的部分，就像是房子的地基，我们只有把地基打牢固，将来才有可能起高楼。地基需要反复检查，没问题之后，我们就要起高楼了。

第 2 章

账号定位：
从现有的资源中寻找可能性

第 2 章 账号定位：从现有的资源中寻找可能性

在正式开始操作视频账号之前，我们要面临的第一个问题就是选方向。我们需要问清楚自己几个问题：我要做什么类型的账号？做什么才能赚钱？我适合做什么？

用 4W1H 方法找准你的方向

按照我们的经验，账号定位成功率最高的就是从现有的资源里寻找可能性。如果你是职场白领，那么你的现有资源就是你的职场、你的知识、你的行业；如果你是宝妈，你的现有资源就是你的宝宝、你的日常生活；如果你是学生，你的现有资源就是你身边的一切，还有你自己。

比如我，我为什么做财经，而没有去做美食、搞笑这一类视频？因为在我个人的属性里，财经是我的最强项。虽然我也喜欢美食，喜欢拍段子，但是我只是正好做了财经，不然你可能会看到一个很搞笑的老丁了。

对于要做什么类型的账号，我们总结出来一个方法，叫作4W1H，即Who、When、Where、What、How，也就是"谁，在什么时间，什么地方，做什么，怎么做的"。例如，我是一名互联网行业的职场白领，25岁，长相普通，性格开朗有趣，穿着日常服饰，下班之后在家里，用一人双角色的方式专门吐槽老板的各种职场言论；我是一名在家照顾孩子的宝妈，30岁，长相甜美，性格温和，穿着日常服饰，每天在厨房用出镜的方式分享如何做出更好吃的家常菜；我是一名地产金融方面的销售总监，32岁，男，长相一般，坦诚率真，西装革履，在下班的时候，坐在工位上用讲故事的方法给大家讲解行业知识。

现在，请你拿出一张纸，写出你的4W1H是什么？然后开始考察，在Who、When、Where、What、How这五个因素里面，哪一个才是你的发光点。

以我为例，我是老丁，我用口播的方式讲解商业与金融知识。

第 2 章 账号定位：从现有的资源中寻找可能性

在这五个因素中，我是谁（Who）不重要，什么时候（When）也不重要，在哪（Where）也不重要，做什么（What）和怎么做（How）更重要。所以，我会讲什么，怎么讲，就成了我在视频媒体这个行业中的核心竞争力。

可能有的人最吸引人的是长得漂亮，长得帅，那他是谁（Who）就很重要，因为不管在宿舍、家里，还是篮球场，大家关注的都是他的颜值。还有的人吸引人的点是歌唱得好，乐器弹得好，那他是谁（Who）、在哪里（Where）、什么时候（When）就变得很重要。我们可以这么理解，同样是唱歌，如果像黄龄一样在浴室里唱，像佳小雨一样在农村的各种环境下模仿 Beyond 唱，以及像小阿七一样坐在街边唱，都会有不一样的效果。

因此，不管你是谁，你都有自己的"亮点"，讲话有趣，唱歌好听，为人朴实，做饭好吃，脑洞大，专业知识过硬，这些都可以成为你的优势。现在，你应该先梳理出来你的 4W1H 都有哪些，梳理出来之后，再往下继续进行。

用 4W1H 方法做内容定位

4W1H 针对的是想要做 IP 的人，所长林超、假美食 po 主、疯狂的小杨哥、张同学等都是有清晰的人设 IP 的。当我们提起这些人时，脑海里立马就能想到他们是什么风格，以及他们的视频讲的是什么。

但是也不排除另一种情况，就是有些人没有非常特别的亮点，长相一般，搞笑不如其他人，知识不过硬，吃也不爱吃，玩也不太会，但就是很勤奋，肯努力。我的建议是，这些人更适合做营销号。

营销号是什么？宽泛的定义是一些主要以流量或利益为目的开展的创作，比如××说商业、××谈母婴、××美妆等。

不过我给营销号的定义是，其账号的运营人是随时可以被替换的，这样的账号可以统称为营销号。

其实我的账号"老丁是个生意人"，还有"毒舌电影""半佛仙人"这类账号，在一开始的时候，理论上也应该算营销号，因为最初我们的内容换谁来写都差不多，谁读都差不多，谁来剪也都差不多。只是时间久了后，我们的声音和内容形成了自己独有的风格，粉丝们熟悉了，所以就有了自己的 IP 属性，也就不是营销号了。

因此，对待做营销号，心态要放宽，起初做的时候像营销号，但是时间久了，你的各种语言风格等习惯会通过你的创作渗透进作品里，你的账号慢慢地就会摆脱营销属性了。

那我们来看一下，当要做个人 IP 的时候，4W1H 对应的都是什么呢？

- Who：年龄、性别、职业、长相、性格、打扮；
- When：什么时候；
- Where：在哪里；
- What：做什么；
- How：怎么做（动作、语言等）。

如果把 IP 换成营销号，Who 和 When 都是不重要的，这时候会更强调 Where、What、How。比如，在新闻事件出来的时候，我会在××网络平台上用逻辑盘点的方法分享针对新闻的观点解释。在 Where、What、How 中，只有 What、How 成了关键点，半佛仙人就是此类的典型，只不过他把 How 这点做得更好，他的语言风格和习惯都是有特色的。

再比如，我在走访美食店的时候，用探店试吃的方法分享优质美食。关于此类视频，其实如果你只是拍摄美食，即使不露出本人，也不会影响观感。还有一些科技产品的测评 IP，他们本人也不用出镜，只要在 Where、What、How 上做创新，找到适合自己的风格，就可以去做视频了。

内容定位方面，最核心的一点就是要梳理出自己要做什么（What）和怎么做（How）。做内容的时候，很多人只有一个想法，就是如何能做出好内容。其实当真正开始做视频，并且持续走视频制作这条路的时候，你大概率会遇到三个问题：(1) 如何做出第一个视频；(2) 如何做出好视频；(3) 如何持续做出好视频。这三个问题同时也是内容定位最重要的三道门槛。

为了提高创作者的成功率，我总结出来的内容定位的前提是，

第 2 章　账号定位：从现有的资源中寻找可能性

一定要根据创作者的属性来选择方向。

比如，我是一名销售员，那么我能做出什么内容呢？先从身边资源开始发掘，如销售技巧、拜访客户的 vlog、销售心得、汽车行业知识、产品知识……如果我讲销售技巧和销售心得，那我的账号就是一个商业知识账号；如果我讲自己所在汽车行业的知识，我的账号就成了第二个"虎哥说车"；如果我是记录拜访客户的 vlog，就有点类似"名郑言顺"探店一样；如果我拍摄记录公司中的奇葩事，慢慢就会变成一个剧情号，像"疯产姐妹"或"维维啊"。

因此，做什么内容（What）呢？内容主要来自三个方面：你的特长爱好、日常行为以及你所处的特殊环境。

比如，我是一名宝妈，我的爱好是唱歌，日常行为中，我最经常做的就是照顾孩子，我所处的环境都是小区里各个单元的其他宝妈们的日常。这时候我的账号内容就要围绕唱歌、如何照顾孩子或者记录孩子与其他小孩子之间的日常趣事来拍摄。

再比如，我是一名产品经理，爱好是打篮球、读书、买股票，日常行为是跟互联网的同行们打交道，所处的环境主要是公司和家里。我要做什么内容？这时候我就会优先思考，我是做记录篮球生活的账号，还是做读书类、股票分析类的账号？又或者做一个吐槽互联网职场日常的账号？……

那么怎么做（How）呢？也就是说选择哪种视频表现形式。图文是一种，动画类视频也是一种，比如花渣花小烙就是用动画的方式去讲解各种有趣的知识。还有混剪，老丁是个生意人、巫师财经、温义飞的急救财经，都是利用视频混剪的方式去做视频的。

再或者真人出镜。真人出镜包括三类，真人出镜的口播类和混剪大体上可以归为一类，比如所长林超、商业小纸条、高盖伦这些账号都是采用了真人出镜口播的表现形式。第二类是第三人称视角，比如疯产姐妹、田姥姥、疯狂的小杨哥都属于真人出镜的第三人称视角。vlog 属于真人出镜的第三种方式，如林晨同学。

视频的剧情需要制作者具备一定的策划和导演功底，比如维维啊、导演小策，都是很好的剧情类账号。这种类型的账号两极分化比较严重，做得比较好的都成了头部或者现象级的账号；做得差点

第 2 章 账号定位：从现有的资源中寻找可能性

的，就会一直不温不火，受到的关注也会比较少。因此，如果你本身就是演员或者导演，就非常适合做剧情类账号，不然大家尝试剧情的成本还是比较高的。演员、编剧、拍摄、导演、剪辑，每个环节都不是初级选手可以直接上手的。

有的视频采用口播形式，如开箱视频、美食博主的美食分享。博主真人不出镜，只需要了解相关的知识和信息，通过拍摄把这些信息讲解出来。这种账号需要创作者有比较独特的信息或风格。已经有那么多人在做了，为什么你做的时候，大家还要关注你？是你讲话的风格更有趣，还是你分析对比得更全面，观点更客观？这些微妙的小变化都会成为你在视频市场竞争中的关键点。

由于每个创作者的属性、行为、环境都有所不同，所以有的人想要做美食博主，有的人想要做知识博主，有的人想要做颜值博主。不管你进入哪个领域，都会发现有很多人已经在这个领域尝试过了，我们看到的头部，仅仅是在行业内跑出来的人，其实还有大量的中腰部和尾部用户也都很努力。

想要在残酷竞争的环境中杀出一条血路，在一开始你就要做好自己的人设定位。

用 4W1H 方法做人设定位

什么是人设定位？好的人设定位怎么做？

人设定位就是 4W1H 当中的"Who"。像是邵雨轩、田姥姥、张同学，这些账号都有其清晰的人设定位。一提到他们的账号，他们的年龄、性别、职业、长相、性格、打扮就会清晰浮现在你的脑海里。如邵雨轩就是一个搞笑率真的城市"逗比"女青年；田姥姥就是农村老家的那个天真可爱的老太太；张同学就是中国农村的一个中年男人。

想要做一个好的人设定位，就要把年龄、性别、职业、长相、性格、装扮等都明确下来，当然，如果你做的是营销号，这部分就可以直接跳过。如果你做的是强信息类账号，如硬核知识类账号，那么其人设定位就是锦上添花，即使没有也不会造成太大的影响。我们知道所长林超是一位中年大叔，连续创业者；知道半佛仙人是

第 2 章 账号定位：从现有的资源中寻找可能性

一个有趣有才华的胖子；知道巫师财经是一个在投行工作的 90 后小哥……由于这些人都提供信息类内容，所以即使很多人不了解他们的身份和信息，也并无大碍。

但是如果你选的是一些弱信息类的领域，如美食博主，市场上很多人都在拍美食类的节目，吃播、美食制作方法、美食探店，等等。由于这个领域门槛不是特别高，竞争非常激烈，你在一开始就要下大功夫。

同样是一场吃播，如果主播是一个职场青年白领，长相也不出众，穿得西装革履，讲话也没什么口音，声音也平平常常；而另一个是皮肤偏黑甚至有点丑的胖子，穿着黑胶鞋、七分裤、红上衣，讲话时使用方言。按照过去各领域的账号情况来看，第二个反倒会更容易受到较多的关注和停留。比如，2020 年的时候，一个衣衫褴褛、皮肤黝黑的收废品大叔，在镜头前解说国际局势，而且头头是道，逻辑清晰，当时在全网确实受到了很多的关注。

做人设定位的目的就是让别人记住你。 想要有清晰的人设，就要从年龄、性别、职业、长相、性格、打扮、语言风格、日常行为习惯、口头禅等方面入手，而且还要因人而异。

我的建议是，从真实的自己中寻找人设定位。假如你是一个内向、严肃、冷静的人，但是喜欢吃，对美食也颇有研究，做了一个美食账号，但为了迎合更多的人，强装外向、健谈、活泼，这样就会很辛苦。

比如，我做的是一个财经知识类账号，这个账号的属性就是严谨、冷静、理性，因为我就是这样的人。虽然我也有搞笑活泼的一面，但是通常很少展现在账号里面。对于我这种深度严谨的财经知识分析，观众都是抱着期待严谨专业结论的眼光去看的，如果应用不当，反倒容易弄巧成拙。

像直男财经一样的财经时事点评类账号，其观众本身的心情就相对放松一些，这时的内容风格就可以活泼有趣点，而且直男财经的出镜人员本身就是一名主持人，也善于表情和语言的表达，所以也就更适合这种人设定位。

总之，关于人设定位，要不装不伪，保持真实的自己。然后，

第 2 章 账号定位：从现有的资源中寻找可能性

再从年龄、性别、职业、长相、性格、打扮等多方面去强化自己的风格，也就更容易得到自己想要的结果。

当你读到这里，可以停下来去思考一下，你刚才做的 4W1H 全面吗？针对你自己，每个 W 和 H，你能梳理出多少项？举例来说，如图 2-1 到图 2-3 所示，从 4W1H 中选择一项，先进行尝试。原则上选择从你优于更多人的那一项开始，因为粉丝关注你的动机是"你做得比我好，我就关注你"，哪怕你比我丑、比我勤奋、比我会吃、比我能吃、比我真实、比我有趣，甚至比我傻……

我是一名爱好历史的人，如何定位

who	年龄、性别、职业、长相、性格、打扮
when	时候
where	哪里
what	做什么
how	怎样做：动作（怎样的动作，做多少）、语言（怎样说，说多少）

who	when	where	what	How（动作）	How（语言）
爱好历史的人 爱好投资的人 爱好美食的人 ……	时间一般不重要	餐馆里 厨房里 办公室 录音室 书架前 室外广场 ……	讲历史故事 讲历史思维 讲历史知识 讲人物传记 讲xx视角的时事分析 ……	以直播出镜的方式 以拍摄口播的方式 以记录真人真事的方式 以采访回答的方式 以动画混剪的方式	正经深度解说 幽默的案例分析 解感式故事阐述 傲慢式分析预测 ……

图 2-1 人设定位（1）

35

我是一个每天都会健身的人，如何定位

~~who~~ 年龄、性别、职业、长相、性格、打扮
when 时候
where 哪里
what 做什么
how 怎样做：动作（怎样的动作，做多少）、语言（怎样说，说多少）

who	when	where	what	How（动作）	How（语言）
找到自己的特色，强化特色	健身期间 健身结束后 日常饮食期 休息区间 ……	健身房里 家里 路上 餐馆	讲健身饮食科普 讲健身动作 讲健身记录 讲日常感悟 讲为人处事心得 ……	以真实记录的方式 以直播讲解的方式 以vlog的方式 以剧情出演的方式 ……	夸张说减肥误区 情绪式说健身技巧 吐槽式说健身现象 爆料式讲职场规则 幽默式说经验总结 任务课时式瑜伽带练 ……

图2-2 人设定位（2）

我是一名保险销售员，如何定位

~~who~~ 年龄、性别、职业、长相、性格、打扮
when 时候
where 哪里
what 做什么
how 怎样做：动作（怎样的动作，做多少）、语言（怎样说，说多少）

who	when	where	what	How（动作）	How（语言）
保险销售员	上班期间 下班回家 晚上休息 每天10点 ……	公司工位 车里 家里 篮球场 书架前 白板前 ……	讲销售知识 讲保险知识 讲宏观经知识 讲行业规则 讲职场心得 ……	以直播出镜的方式 以剧情演出的方式 以职场vlog的方式 以采访回答的方式 以动画混剪的方式 ……	方言说金融实际案例 正经盘点知识逻辑 夸张说职场的心得 爆料式讲职场、行业规则 幽默说经验总结 ……

图2-3 人设定位（3）

读到这里，你再考虑自己适合做什么账号，能做什么账号，心

里应该就有数了。接下来，我们要进入运营的实操阶段了。

90%的人愿意做，但只有10%的人会执行

在建立账号时，很多人都习惯直接用自己多年延续下来的网名，但我不建议这样做。因为在账号当中，名字的作用可以承担两个职责，即被人记住和被人搜索。你甚至可以直接用自己的真名，比如零食吃货张无忌、喜欢竹叶手工的赵敏。虽然这些名称有点土，但好处是别人第一眼看到账号时，就知道你这个账号是干什么的，一目了然。

我们看老番茄、半佛仙人、敬汉卿这些人的昵称，第一眼其实也都是比较陌生的，但是因为他们的内容足够好，而且做得早，如今也都是大 IP 了，也就不再那么在意名字了。而对于我们绝大多数人，成为和他们一样的现象级大账号是很困难的，所以前期就要起一个让人第一眼就能够理解的账号，比如××（职业、领域等）的××（昵称），如阿星探店、老丁是个生意人……这类账号名字

也会在第一眼就让其他人记住。同样，名字也是需要被搜索的，所以如果做的是财经类账号，最好是名字里面带上"财经"两个字，如巫师财经、温义飞的急救财经、厉害财经等，只要大家搜索财经，他们就都会被搜索到。

当然，简介也可以承担这个作用，所以如果名字里没有财经，前期可以在简介里面加上，其他领域也可如此操作。

账号简介有两个作用，即让别人了解账号可以给他带来什么价值、更容易被人搜索。如果你是一个颜值博主，大家关注你主要是看你的颜值，这时候账号名字可以直接用自己的昵称，而且也不用在简介里面介绍自己是颜值博主；如果是法律博主，前期可以写自己是"律师行业从业×年，主攻刑法、公司法"等字眼，这样既表明了自己的身份，也告诉用户自己能够创造什么价值，而且还覆盖了"律师、法律"这些关键词。

处于新人时期的 UP 主，其积累的内容和粉丝都还不够多，所以才需要昵称和简介的加持。倘若将来大家做成了大 UP 主，这个环节也就没那么重要了。

第 2 章 账号定位：从现有的资源中寻找可能性

另外，其实将来想要改名字也不是不可以，比如我的"老丁是个生意人"可能将来也会改成老丁或我的真名。

过去的经验告诉我，做规划时会有 90% 的人都愿意做，但是做执行时只有 10% 的人愿意执行。很多人都说做 UP 主没那么难，但自己就是没有做，因为没腾出时间、来不及准备、找不到合作伙伴……原因各式各样，但是结果不会撒谎，所以再精密的规划，产生成果都源于执行。

在下一章中，我们将要讲述如何做好视频。有人一个视频就能涨粉上万，有人一百个视频都不见粉丝破千，这都是常有的现象，原因是什么？下一章我们将给出解答。

第 3 章

内容运营：好视频是怎么做出来的

第3章　内容运营：好视频是怎么做出来的

高质量视频都有一个好节奏

每个 UP 主在做出自己的视频的时候，都会将其奉为掌中宝，觉得自己的视频与很多大 UP 主的视频没有太大差别。然而，当他们将一个又一个视频投放到市场上后，却没有得到应有的反馈，这里面有一部分原因在于运营，但更多的是因为视频内容在市场上没有过关。

判断一个视频的好坏，可以直接用市场因素来衡量，即：

高质量视频 = 高播放量 + 高完播率 + 高点赞率

由于每个平台的算法和用户属性不同，所以即使是同一个视频，在多平台分发的时候，有时也会出现很大的数据差别。但综合来看，足够优质的视频内容是会在多个平台全线开花的。

据我们观察，拥有"高播放量+高完播率+高点赞率"的视频，有时是因为画面极好，有时是因为题材和语言很好，有时是因为背景音乐（BGM）很魔性。如半佛仙人的视频，画面大多是一些表情包，背景音乐始终如一，但是也具备"高播放量+高完播率+高点赞率"这样的属性。

因此，我认为一个好视频最重要的关键点，就是有一个好的"节奏"！

节奏是一个很难直接言说的词。比如，我们去听一首歌，最容易让我们记住的，通常就是副歌部分，副歌就是整首歌的高潮部分。假如整首歌都是副歌，那听众在听的时候就会感觉好像少点什么，不够完整。同样，图像、视频也都是艺术品，艺术是需要有铺垫、有对比的，需要逐步推向高潮，最后再缓缓落下，将作品再次升华，就会上升到一个新的高度。

我们在看巫师财经早期的视频时，你会发现其视频都有着很简单清晰的节奏：开头提出问题，上半篇会针对问题进行逐个溯源和解答，下半篇再将问题逐个收尾总结，结尾对本篇视频讲述的内容

第 3 章　内容运营：好视频是怎么做出来的

进行上帝视角的观察和解读。这样的内容结构如果再加上合适的背景音乐和优秀的文笔，就会让视频的质量呈现出更好的节奏。

什么样的节奏才算一个视频的好节奏呢？由于领域不同，无法统一而论，但是整体来说，好的视频会引导观众的情绪，牵住观众的大脑神经，甚至会给用户带来超出预期的效果呈现。

作为一个创作者，首先要具备对节奏的敏感度。如果你经常听音乐，当你听到某些人唱歌的时候，就知道他哪里不够好；如果你经常打篮球，只要看到某个人拍球，就知道他的球技到了什么水平；如果你经常看一些好视频，只要看到差的视频，就知道他哪里做得不够。

在做视频的时候，要养成一个习惯，每天至少看 5～10 个优质的中长视频，随时随地去听 BGM，并且记住这些感受。这样做是为了练习敏感度，也就是对视频的感觉，如同炒股有盘感，打球有球感，做视频一样也需要感觉。

创作者的作品其实是在传递情绪，这种情绪会通过作品再传递给观众。对于观众来说，看一个视频使用的是视觉、听觉、思想，所以在视频节奏上，我们就需要在文案、配音、BGM、视频画面等方面下功夫，而这些方面在不同的领域也会有不一样的权重。

不同内容，决定其是否优质的关键点不同

观众在看知识区的视频时，动用更多的是思想。因此，我们去做一个知识类视频的时候，不论是林超式的真人出镜，还是半佛式的表情包，哪怕是只有一串串文字，也会让我们觉得很有趣。

不只是知识区，在脱口秀中也存在这样的现象。在刷抖音、B站时，我们会看到如罗永浩、李诞的脱口秀的视频，画面中没有人物，只有文字堆砌起来的文案，背景配上一段演讲音频，我们依然会听得津津有味。但是在看《脱口秀大会》，或者其他的场景时，即使演讲人光鲜靓丽，舞台专业，我们却不一定喜欢，因为这个视频和节目最核心的事情——文案，做得不够好。

同样，我们看一些娱乐区中跳舞直播的视频，最注重的就是视

觉。还有美食制作类的节目，像是绵阳料理，即使她的文案普普通通，并且关掉 BGM，她视频的画面节奏也是极其优质的。当你抓住了这个领域最核心的要素，再去全面发展时，你就会发现一切都变得更通透简单了。

如果你要做的是一个美妆类的视频，长得丑或者长得漂亮都会对视频有影响，但这并不是最重要的因素。关注你的大多都是女人，女人看女人，和男人看女人的角度是完全不同的。如果你的化妆技术能让自己从一个"灰姑娘"变成"白雪公主"，那视频前的观众都会为你惊呼，并且愿意学习你的技术。

每一类视频都有其最核心的关键点。我的知识类视频最重要的就是产出有用的、硬核的信息。巫师财经和半佛仙人也同样属于财经区，但是巫师财经更注重故事感，半佛仙人更注重有趣的时事调侃。

这里还要多提一句，除了视觉、听觉、思想，营造氛围也很重要。如盗月社，虽然他们现在的视频制作谈不上"画面精良"，但是却极有氛围感。在看他们的视频时，我们会感觉就是几个朋友坐在一起聊天吃饭，而我们就是他们中的一员，这就是氛围感。氛围感的出现更多的是因为大家已经认识了你，也只会发生在熟人之间。一些入行很多年的 UP 主会更容易出现氛围感。对于新人 UP 主，在一开始可以不用刻意去营造氛围感，不然会导致粉丝尴尬，结果事与愿违。

要做好内容，先做好市场调研

现在，我们理解了每个分区的用户会有着不同的需求权重，接下来我们要做的就是市场调研。这很重要，而且一定要做，千万不要觉得盗月社的视频只是简单的几个朋友出去吃饭，然后拍下来，就火起来了。很多人就是在这种"误导性"的自我判断下做出了选择，主观上认为这种视频能火，所以我也能做，最后自己做出来的视频播放量只有 10 个，于是信心遭受打击，放弃了做 UP 主。

之所以会有这样的现象，是因为其对应的市场时代和所处的 UP 主阶段不同。即使是同样的视频内容，在早期的时候，不同体

第 3 章 内容运营：好视频是怎么做出来的

量的 UP 主发出来的效果也是完全不一样的。

在内容领域，时代、UP 主阶段、内容这三项必须统一。2010 年的你，还会看到一些东西哈哈大笑；2022 年的你，可能就会觉得一些东西低俗，笑不出来了。一个你很熟悉的 UP 主随便拍了一段视频聊聊过年过节吃什么，而这如果放到一个新人 UP 主身上，就没有吸引力了，因为少了那份熟悉感。

每个时代有不同的好内容，好的内容也会反映一个时代。这是因为在不同的时代和年份，人们的需求和关注点都是不同的，观众和用户也在进化。作为内容创作者，深刻理解当下用户的需求也就变得极其重要。这也就可以理解为什么有一些作品或者电影，在很多年前上映的时候不被大家喜欢，但是后来却突然火了起来。因为那个作品的一些关键点恰好匹配了这个时代，而不是多年前的那个时代。

做内容之前一定要做好市场调研。我在这里介绍一个方法，叫作三角市场分析法，如图 3-1 所示。

```
            看领域
            选蓝海市场


                 三角市场分析法


看市场内容                    选渠道
做差异化内容                   做模仿式创新
```

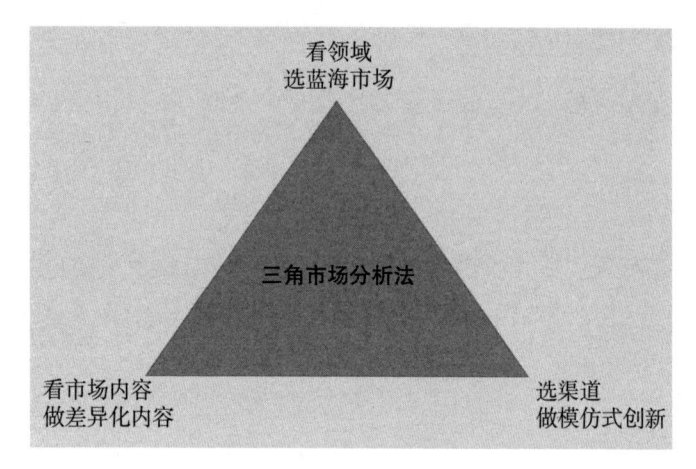

图 3-1　三角市场分析法

三角市场分析法，一看领域，选蓝海市场；二看市场内容，做差异化内容；三选渠道，做模仿式创新。

一看领域，是为了了解市场中都有谁。我在做财经类视频之前，就调研了这个领域主要有哪些内容。我发现大部分都是财经媒体官方的账号，还有极少数如巫师财经、半佛仙人这类的个人账号，那么在这个领域就存在着巨大的市场空缺。

在调研领域的时候，我就主要看头部和新头部。半佛仙人、巫师财经这种头部代表着用户的喜好，而突然冒出来的新人，也就是新头部，也能代表当下市场里用户的喜好。如爱吃饼的李大饼，他

第 3 章　内容运营：好视频是怎么做出来的

在 2021 年年中前后发出来一篇题为"国产方便面 50 年浮沉史"的视频，火遍全站，随后整个知识区开启了一波针对老物件的历史回顾潮流。这就是新头部出现而映射出来的市场需求。

二看内容，就是把同行的文案逐字稿记录下来，研究他们为什么会火起来。逐字逐句地去看，记录下自己看完文案之后的感受。想一想，他的文案结构是怎样的？他这篇文案能火是因为话题，还是优质的文案？在同样的话题下，其相关的内容还有多少（具体操作我们在后面会详细说明）？比如，我们看到李大饼的"国产方便面 50 年浮沉史"视频在知识区播放量很高，那么同样的话题，还有多少人在写？写出来的播放量怎样？当我们看到没有其他人在写的时候，就可以写奶茶史、火腿肠史、辣条史等。我们现在回头去看，谈这些话题的其他 UP 主的视频，其播放量和口碑都很高。

三看渠道，大多数 UP 主都有自己的"阵地"，有的在抖音，有的在 B 站，有的在 YouTube 或者其他平台。由于账号的权重在每个平台并不一样，所以可能一个在抖音播放量很高的视频，在 B 站并不受欢迎，尤其是对比海内外的平台时。这时，我们就可以做渠道差异化。比如，我的视频在 B 站和西瓜视频都很火，但是一开始抖音平台我是忽略的，可是其他人把我的视频做了少量修改后，居然在抖音平台收获了特别高的播放量和粉丝量。同样，我们看见抖音出现了有人利用美女跳舞直播卖零食的时候，快手随后也出现了一大批同样操作的人，并且也获得了很大的流量。这就属于渠道差异化，做内容模仿。但这毕竟属于投机式的操作，只适合账号的早期阶段，利用这种方法可以快速做好冷启动，但是长期来看还是要靠自己的能力。

如何写好文案

2020 年春节，我开始写第一篇文案。在这之前我是迷茫的，不知道该写什么，也不知道从哪里开始，更不知道自己会写成什么样子。我想你的第一篇稿件、第一个视频脚本、第一个剧情脚本，也会面临同样的问题。

好的视频文案会跟热点和切痛点

要写什么内容？也就是说，选题是非常重要的一环。但是我们在做第一个视频的时候，是很难体会到那个感觉的，所以我们把如何找选题放到第4章讲。

我在写第一篇文案的时候，正值全球处在疫情暴发期，所以我的稿件的选题就是"疫情对于经济的影响"。现在我们回头去看，那时大众最关注的，就是与疫情有关的一切。

这时候，我们打开几个主流媒体的网站看他们的热搜，包括但不限于B站热搜、微博热搜、知乎热搜、抖音热搜、今日头条热搜等，看看当下大众最关注的话题是什么，是中美贸易战，是乌克兰和俄罗斯，还是中国足球？

在选话题的时候，由于还很难估量自己做一个视频的时间，因此我们就可以用跟热点和切痛点的方法。

跟热点。就如我在写第一篇文案的时候，恰好赶上了疫情，而且每天各平台的热搜都在谈论疫情，所以我就顺势写了这个话题。

由于是第一个视频，如果不是轻车熟路，我不建议跟热点，除非是疫情这种非常大的热点，并且还要与你的领域相关。比如，巫师财经出了一个关于疫情对于经济的影响的视频，在全网火爆出圈。所以说，合适的热点是可遇而不可求的。

切痛点。除了热点话题，还有很多话题是常规爆款，比如你是一个美食博主，你的第一个试水视频，就直接去选择大众最爱吃的美食，如火锅、排骨、炸鸡、棒骨、红烧肉等。假如你选择的是牛排西餐，因为它本身就不是大多数中国人日常会吃的美食，所以大家在看的时候可能没有太大感觉，那么关注视频的人群范围天然就会偏窄一些。如果你是在海外平台做美食博主，这个规律就要倒过来。这也是美食博主在一开始选择的时候，尽量选择适合你的用户群体且关注度高的食品的原因，要打破"食品贵和视频稀缺就会火"这个传统认知。

如果是知识类的视频，在运营、商业、产品、程序设计等各类知识当中，都会有一些话题是大家一直很关注的。如运营和商业，商人看一个生意的视角是怎样的？大牛是怎样去选择基金和股票

第 3 章　内容运营：好视频是怎么做出来的

的？当下的市场环境如何？同样，你所在的领域也会有这种常规且关注度极高的话题，详细方法可以参考本书第 4 章中的选题篇。

我在明确了要做的第一个选题是"疫情对经济的影响"后，接下来面临的问题就是查找相关资料和数据。要去哪里查找所需要的数据呢？如果你是财经类或者资讯类的内容，可以参考以下这些网站，它们都是我多年来积累下来的针对不同类型信息的查询网站。

CEIC（全世界指标统计）：https://www.ceicdata.com/zh-hans

知识星球（各行业数据报告）：https://t.zsxq.com/Z7Aur3r

国家统计局：http://www.stats.gov.cn

港交所（香港上市公司年报等）：https://www1.hkexnews.hk/app/appindex.html?lang=zh

美国统计局：https://www.bea.gov

Tushare 大数据开放社区（金融大数据查询）：https://tushare.pro

美国经济指标：https://zh.tradingeconomics.com

东方财富网（中国的宏观数据）（简版）：http://data.eastmoney.com/cjsj/cpi.html

百度搜索风云榜：https://top.baidu.com/board

百度指数：https://index.baidu.com/v2/index.html#/

淘数据（购物类数据查询）：https://www.taosj.com

中国气象数据网：http://data.cma.cn

中信期货报告查询：https://www.citicsf.com/e-futures/

新站-B站数据查询：https://xz.newrank.cn/data/material/hotVideo

财经国际新闻：https://www.jin10.com

万得数据（金融数据查询）：https://www.wind.com.cn/

世界研究成果查询：https://figshare.com

中国人民银行（查询宏观数据）：http://www.pbc.gov.cn/

CNNIC（查询互联网网络相关的调查报告）：http://www.cnnic.net.cn/

美联储官网：http://www.federalreserve.gov

世界银行（可查询世界各国的发展数据）：http://databank.worldbank.org/data/home.aspx

WTO：http://stat.wto.org

在写"疫情对经济的影响"的文案时，我的第一想法是，历史

第 3 章 内容运营：好视频是怎么做出来的

上什么时候还发生过疫情？那时候的疫情对之后有哪些影响？于是我查询百度百科和维基百科，并查阅了一些书籍，了解到14世纪的欧洲有过一场大瘟疫，明朝时期我国发生过一次鼠疫，时间最近的一次就是2003年的非典。

然后，我就开始寻找这些时间点下，国家在当时的一些政策以及与经济相关的数据。我用了一两天的时间来找资料，对于财经知识类的内容，最重要的就是要有观点输出，所以我先做了一些资料和数据的整理分析。就这样，我的文案结构就出来了，如下所示。

> 题目：疫情对经济的影响
>
> 开头：本视频主要整理和分析新冠肺炎疫情会造成的影响
>
> 第一部分：14世纪欧洲黑死病
>
> 内容结构：黑死病的发生时间和造成的现象，一些民间故事，黑死病结束后造成的影响

第二部分：明朝鼠疫

鼠疫的发生时间、原因，发生后造成了大动荡和国库空虚，有金融体系和没有金融体系带来的影响差别

第三部分：2003 年非典

非典发生时的企业故事和时间线，非典造成的经济波动，非典带来的线上销售额增加

第四部分：2020 年新冠肺炎疫情的预测

从历史总结，新冠肺炎疫情会带来什么

结尾：全篇总结

这就是一个有故事、有分析的文案结构的打造。

好文案的开头要抓人

在整篇文案中，首先需要打磨的就是开头。当时我写了 7 版开头、10 版结尾，既担心没有把想说的都说了，又担心太啰唆，所

第 3 章 内容运营：好视频是怎么做出来的

以进行了反复修改。

同样的文案，看文章和看视频是两种完全不同的体验。用户在看文章的时候，通常会习惯性地先浏览一下，然后再开始细读。而用户看视频的时候，在听到你说第一句话后，他并不知道后面会讲什么。

什么才是一个好的视频文案的开头呢？用一句话解释就是，"3 秒能让用户对话题感兴趣，30 秒能让用户知道为什么要看这个视频"。

给用户一个看下去的理由，就是一个好的视频文案开头。如果你能做到下面两点，即可达到这个目的：

- 提炼用户最感兴趣的点，放到开头；
- 直接简短地讲清楚文案主旨。

拿我的"一篇看懂中国酒行业"文案来说，开头如下：

本期是超硬核系列的第三篇。这篇内容数据较多，可能会有些枯燥，但是足够硬核。所以，梳理好思路，做好准备，我们开始。你有买酒行业相关的股票和基金吗？如果买了，那你真的对它有所了解吗？

本期内容，投资者必看，酒行业从业人员必看，甚至你是一个买基金的小白，你也必看，因为你买的基金，大概率也有对应的酒企。

同样地，我的关于楼市的文案开头是：

过去10年，资产价格有两段神话，美国股市和中国楼市！2020年似乎是打破神话的一年，病毒暴发、美股崩盘、油价腰斩、全球衰退……那么，站在今天这个时间节点，中国楼市的命运又会怎么样呢？

本期视频我将从投资的角度审视楼市，从过去、当下和未来这三个时间点中的政策、数据和各方利益来和大家聊一聊我对未来楼市的判断。

我们再来看一下温义飞的"假如一个国家欠钱不还会怎么样"

的文案开篇：

> 大家好，我是温义飞，一个靠颜值吃饭的财经博主。
>
> 最近随着疫情在全球的扩散，欧美各大市场纷纷下跌，美国股指在2月27号单日下跌创造了历史纪录，各国未来一段时间的经济情况将不容乐观，于是一个问题开始被大家讨论起来。
>
> 当局势恶化到最糟糕的情况时，一个国家如果欠钱不还会怎样？本期视频就来探讨一下这个问题，并且和你分享一个倒霉老赖国家的故事。阿根廷就是我们本期故事的主角。

当我们去读更多人的视频文案的开篇时，我们会发现，他们的开篇部分都能很好地抓住用户。

在互联网行业有一些研究数据，比如一个新人下载微博之后，如果关注超过5人，他就会更好地留存下来。同样地，这个方法放在视频领域，就是当一个新人看到你的视频之后，如果他能观看超过10秒，那么他就会有更大概率留下来看完全部内容。

对于新人UP主来说，不管你属于哪个领域，花时间做一个好的视频开头,都会为你的视频有更好的播放数据打下良好的基础。

这里还要着重提醒一点,好的开头意味着目的明确、主旨清晰,但并不是哗众取宠。在抖音、快手这种平台上有很多人的短视频都属于开篇哗众取宠的类型,这样带来的就是虎头蛇尾,只会让用户失望。

用户在看一个视频的时候,在开篇部分,我们需要给他一个预期。如果他的预期在之后的内容和结尾中都没有被满足,那么其体验就会是极其糟糕的。所以,开篇不哗众取宠,既是对用户负责,也是对你自己负责。

文案内容要饱满

想要做到视频文案整体优质,用户预期得到满足,一定少不了中间的核心部分。我刚才说过我在写一篇文章时的结构搭建,其实大家在写文章的时候也尽量先梳理出文章的主线,一旦树干准备好,枝叶有多茂盛都可以再打磨。

一个好的视频文案,需要一个良好的节奏。知识类文案大体可

第 3 章 内容运营：好视频是怎么做出来的

分为两种：分析文和故事文。我的大部分文案都是分析文，半佛仙人那种评论类的文章也算分析文的一种，冲浪普拉斯和巫师财经则更多的是故事文。

写分析文的时候，大体思路可以参照我前面讲到的"疫情对经济的影响"文案的结构来进行梳理，也就是总分总结构。

我的视频文案大多数都是采用总分总结构，因为用户在开篇需要一个观看理由，在中间需要有思路，在结尾需要有答案。十几分钟的视频信息量有时候过大了，用户就会记不住。因此，总分总结构是知识类视频中最匹配的一种结构。

我在写"一篇看懂中国酒行业"这个文案的时候，第一步就是梳理分析思路，先了解酒行业整体的现状；第二步是了解酒行业中最重要的两项：白酒、啤酒的市场份额和不同年份的发展情况；第三步是展望酒行业中各大企业在未来的战略；第四步是结尾总结。这样一来，一篇分析文的框架就出来了，大家也可以参考我的原视频（今日头条搜索：老丁是个生意人，观看"一篇看懂中国酒行业"）。

写分析文的时候，最关键的其实是撰写人的思维、思路。最常见的三种分析文的写作方法是历史分析法、数据分析法、逻辑推理分析法。我的视频文案大多采用的是历史分析法和数据分析法，半佛仙人的文案大多用了逻辑推理分析法。

做律师的有司法思维，做运营的有运营思维，做产品经理的有产品思维，做风控的有风控思维，所以有时候分析方法并不是一成不变的。相比分析文，故事文受到更多知识类型作者的热衷，因为写故事普适性更强，而且用户对于故事类视频的接受度更高。

在写故事类视频文案的时候，其结构大致有两种，分别是按时间叙事和按空间叙事。我们看巫师财经的"日本经济崩盘始末"那篇文案，就是按照时间+空间的方式来叙述的。

最简单的时间线写法，如20年前……到了10岁那年……如今20岁……将来30岁时……在写故事文的时候，最重要的就是先把时间或者空间的结构梳理清楚，即把哪一年做了哪些事排列出来，然后开始不断润色。

我们来看一下李大饼的"国产方便面 50 年浮沉史"的故事文时间线结构：

1964 年，北京食品总厂第一次在中国做出了方便面……

1970 年，上海益民食品四厂用高压蒸面+油炸的方式，做出了中国第一包真正意义上的方便面，名叫鸡蛋方便面……

1984 年，杭州面粉厂上线了由广东、上海、天津粮油机械加工厂联合设计制成的方便面成套设备，每班生产 3 万包方便面，一天赶三班，方便面都不够卖……

1991 年，一个叫魏应州的台商正在绿皮火车上发愁，他从家里揣了大约 4000 万人民币的资金来大陆发展……康师傅诞生……为了进一步戳到小朋友们的痛点，它们还推出了水浒卡、玩具等小赠品……

等到了 2008 年，统一来了个绝地大反击，因为它推出了老坛酸菜牛肉面……

在故事文时间线的基础上，还需要空间线。继续以李大饼的

"国产方便面 50 年浮沉史"为例。

  1991 年,一个叫魏应州的台商正在绿皮火车上发愁……创立康师傅……

  康师傅的优势在于有酱包……

  康师傅在杭州量产之后,标价比双峰方便面便宜了一毛钱。本来康师傅口味就更好,价格还比双峰便宜,没过两年双峰就停产了,之后注资的日资也撤资跑路了,厂子就此倒闭。远在珠海的华丰也受到了同样的冲击……

  当时康师傅在泡面类目已经占领了市场,所以统一另辟蹊径,用"统一干脆面"来切入市场……

  来自河北的"华龙",搞出了低价版"康师傅"……

  在南方地区,经济相对发达,各村各户都在宣传"奔小康",所以它起名叫"华龙小康";在中原地区,由于离北京比较近,与国际接轨比较早,所以它模仿进口的出前一丁,给自己起了一个洋名字,叫"六丁目";而在北方,因为北方有东三省,所以它叫"东三福"……

这篇文章如果想要在空间线上继续延伸,每一个地方都可以多写,比如"来自河北的'华龙',搞出了低价版'康师傅'……"这时候如果开始讲华龙的发展故事,也会很顺利。只是李大饼为了整体文章的连贯性,做了一部分取舍。

时间线能够帮助我们梳理故事文结构,空间线能够让故事文变得更丰满。在了解了这些之后,我建议你现在就去把刚才我提到的这些视频都看一遍,从文案结构的视角再去观看,你会有新的收获。

总的来说,在我们写文案的时候,最怕的就是写完的文案空洞。因此,故事文一定要传递价值观,分析文一定要明确分析观点,这也是两种文案的画龙点睛之笔;否则你的口碑就会大大下降。

文案结尾要满足用户预期

开篇要让用户知道为什么看,中间要解答用户的问题,结尾则需要做到让用户预期饱满。

一个 10 分钟左右的视频，如果其承载的信息过多，用户是记不全的，所以我会在我的文案结尾处更好地做总结，来帮助用户梳理思路。

什么样的结尾才算是一个好结尾？我们可以用以下三点来评价：

- 用户得到了他想要的结果，对全篇内容表示认可和满足；
- 对全篇内容起到升华作用，让用户意犹未尽；
- 用户对你今后的内容有所期待。

巫师财经的"日本经济崩盘始末"视频的结尾写得就很好。

我们这代人一直生活在"以后会更好"的预期里，以后的收入会更高，机会更多，物价和资产价格会涨，社会在发展，时代在进步，一切都是向上的，"以后会更好"的期望深入骨髓。

但回到上帝视角，或许我们才生活在一个"特例"里，我们生在经济发展的上升期，我们就误以为整个世界都应遵循"以后会更好"，但世界不一定是"通胀"的，还可能是"通缩"

第 3 章 内容运营：好视频是怎么做出来的

的。这个世界不只是春和景明，也有不测之渊，所以说什么岁月静好，你不过是生在了盛世。

从衣食住行到价值实现，都要倚仗稳定和向上的经济环境，而我们却很难意识到，这种我们坐享其成且习以为常的状态，是一种奢侈品，因为我们已经麻木了。而这令人羡慕的麻木感，并不是唾手可得，更不是天经地义，而是来自共和国经济发展中的探索、奋进和血汗，是每次资本市场暗潮汹涌中的运筹帷幄，是经济和外交中的纵横捭阖和勾心斗角，是神州华胄持续几十年的艰苦奋斗，是对外贸易和中国制造的铢积寸累，是每次灾难和危机下的勠力同心，更是各行各业爝火微光的勤劳奉献。只是生正逢时的我们，换了人间也换了心境。

这种麻木是奢侈品，而洞察和珍惜本身则更加奢侈。我要把那句话改改，得到的"不"都是侥幸，失去的才是人生。

视频的结尾是用户感受最关键的地方，每个领域都有一个"高阶"点，如股市的顶层其实是人性，政策的顶层其实是国家利益，而社会顶层其实是世间的人生百态。如果结尾能够升华，会让整个视频活起来。

升华,便是要引人深思。

文案切忌打官腔

关于这一点,我之所以要单独提炼出来,是因为我发现很多人在写文章的时候,很容易说官话。举个例子:

新华书店无疑是我国文化产业的代表,它不是为了追求效益而存在的。在市场经济条件下的新华书店,经过多年来的探索发展和历史的传承,新华书店已逐步确定了核心理念和价值观:以书弘道、以书弘商、以书弘人。

这段话就是官话,如果你在视频里把这一段读出来,用户就会觉得很无聊。如果把它变成白话,就变成了:

新华书店并不只是为了赚钱存在的,它更是我们国家在文化传承上的一个重要渠道。

在写视频文案的时候,你可以假想你的面前就有一个朋友,我

第 3 章 内容运营：好视频是怎么做出来的

们在跟朋友讲话。比如，"随着我国综合实力的不断增强，产品出口数量和规模也不断扩大，为汇率上升提供了支撑"这句官话就可以变成"当我们的出口大幅增加，人民币需求就会增加，这时候想贬值都很难"。

官话的优点是严谨，但是如果放在白话里，就成了缺点，用词显得多余、语句不够通顺、话语角度不够亲人。

我们再举几个例子。

2002年，经党中央、国务院批准，成立由包括商务印书馆、中华书局、生活·读书·新知三联书店、新华书店总店等出版发行单位在内的十余家直属控股、参股及关联公司组成的中国出版集团。

可改成：

2002年，新华书店总店和商务印书馆、中华书局、生活·读书·新知三联书店等公司，一起组成了中国出版集团。

这就是讲盘点时要提炼重点。

我们主要看看一线城市和新一线城市的人均可支配收入是多少。

上海：全市居民人均可支配收入 72 232 元。

北京：全市居民人均可支配收入 69 434 元。

深圳：全市居民人均可支配收入 64 878 元。

广州：全市居民人均可支配收入 63 289 元。

苏州：全市居民人均可支配收入 62 582 元。

杭州：全市居民人均可支配收入 61 879 元。

南京：全市居民人均可支配收入 60 606 元。

可改成：

我们主要看看一二线城市的人均可支配收入是多少。北上广深分别是 69 434 元、72 232 元、63 289 元、64 878 元，另外的两个主要电商城市杭州和南京，则分别是 61 879 元和 60 606 元。相当于每个月就有 5000 元的可支配收入。

第 3 章 内容运营：好视频是怎么做出来的

这就是分类分级罗列，并落实对比自身。

因此，说白话的方法可以总结为以下六点：

- 讲述口语化，叙述方式简单直接；
- 语气对象感；
- 讲故事语言过程化；
- 做盘点提炼重点；
- 讲盘点要分类、分级罗列；
- 讲数据要落实到对比自身。

说白话，就是让用户在看视频的时候更舒服。让他感觉就像一个人坐在他面前给他讲故事一样，这会让视频更有温度。

录音、录像都要规范

听觉也是用户接收创作者信息很重要的一个方面，所以配音也需要规范。我在录第一个视频的时候，硬件用的是苹果手机的原装耳机，软件用的是 Adobe Audition。由于我是混剪类的视频，所以配音项只需要用到噪音处理和进度剪辑即可。

我们大多数人并不是专业的配音演员，所以会在发音吐字上带有地方口音，或者在声音语调上存在气息不足的问题。这些语音习惯的问题，可以随着不断练习慢慢改善。当然，如果是大家觉得比较好听的口音，比如台湾腔、港普，网民们还是比较喜爱和接受的，就不用刻意去改变。

一段录音想要用好，就需要良好的录音环境，需要录音人吐字清晰、讲话抑扬顿挫、语速适中，需要良好的收音设备，也需要简单的软件处理。

良好的录音环境，不只需要安静，还需要没有回音，所以录音时尽量选择在夜深人静的时候。如果墙面比较光滑，录出来的声音就会显得很空洞，所以录音棚和电影院都不会设置光滑的墙壁。极端来讲，其实窝在被窝里录音的效果也会很好。

在设备的选择上，我在录第一段音频的时候，用的是苹果的原装耳机和手机，优点是方便，弊端是录出来的声音会忽远忽近，而且会容易喷麦。后来我买了两套设备，一套方便日常行走各地或者出镜录音的时候使用，一套方便在家录音的时候使用。我们需要日常练习嗓音的浑厚变化，在录音前进行嘴巴放松练习。

大家在录音的时候，如果第一遍录音效果不够好，可以多录几遍。我第一次录音，连续录了 10 个小时，只为了成就那 17 分钟。但是今天回头看，第一个视频的录音仍然是很糟糕的，这说明时间的积累是会让人进步的。

当然，每个人的嗓音和说话方式都不同，有些人就是有先天优势。如果你怎么练习都觉得录音很难，可以找一个可靠的家人或朋友帮你完成录音、录像，给予对方少量的股份，也是一种不错的选择。

搞定剪辑，细节不容忽视

视频剪辑是一件可轻可重的事。好的视频画面可以很好地诠释你讲的内容。如果仅仅是一些真人出镜,即使不是帅哥靓女,对于硬核知识类型的内容,影响也不大。

视频制作的第一个门槛就是剪辑软件的使用。如果做短视频,在手机上用剪映就可以很好地完成。如果想要做更优质的内容,加上你也想学习更专业的剪辑,Windows 系统可以使用 pr,Mac OS 系统可以使用 final cut pro。

软件可以去网上找,也可以在 App store 里直接购买和下载。

我当初的选择是找一个会剪辑的合伙人。在我的想法中,现有的商业世界里想要做成一件事,单单靠自己是很难的,而且会很辛苦。恰好我的合伙人是一个很努力而且做事很严谨的人,她不只是会做剪辑,而且懂运营,设计、编辑也都有涉猎。她能够管理很多细节,而我可以掌控方向,从某些方面来说,我们是互补的。像这种多能型的人才,而且还能和自己契合,通常很难单靠陌生人关系转变。能够成为合伙人,就意味着彼此在某些方面是有比较深刻的互相认同的,所以你过去的同事或者朋友可能会更靠谱。

第 3 章　内容运营：好视频是怎么做出来的

2020 年大年初五前后，我们开始进行剪辑，由于很多素材不知道去哪里找，所以从找素材到试验视频的转场，从寻找能加字幕的软件到最后制作封面，每个环节都出现了很多问题。我们一开始预定大概 17 天可以剪辑完视频，可是即使夜以继日地工作，最后仍旧在临近截止日的时候出现了延期风险。时间延后一天，结果又出现了延期。由于对项目的预估出现偏差，我和合伙人第一次在工作观念上出现了矛盾。

也是在这个时候，我开始反思，我们虽然人少，但是组织却需要一个统一的标准和观念。于是，就有了后来的"价值观"。

在制作第一个视频时，我的想法是，视频虽然精益求精更好，但是我们是热点类的视频，当第一个视频都还没发出时，心里是没有底的。我们不知道用户会不会认可，而且热度可能会随时消失。所以，后来我们再去做别的账号的时候，就给自己定了个规矩，在前期不论好猫坏猫，都先拿出来跑一跑，市场上的用户体验才是检验效果的唯一标准。在没有经验的情况下，第一个视频先不必死磕细节，做够 80 分就发出去。如果市场反馈的效果还不错，就说明跑通了一部分，这时候再赶紧制作第二个视频，并且以更高的标准来要求。

2020年2月17日，我的第一个视频剪辑完成了，我和我的合伙人商量着封面如何配图，起什么样的标题。我们以为可以顺利地上传了，但是并没有，原来每个平台的要求有些是不一样的，比如在封面上，电脑端看着挺大的字体，当上传到平台的时候，就会出现字体过小、过细的情况，所以我们开始将每个环节能够涉及的尺寸规范化。这一点在每个领域的要求都是不一样的，所以你在做视频的过程中，一切涉及尺寸的细节，都要记下来。

直到今天，我仍记得我的第一个粉丝是一位昵称为"两位好友"的网友。我不认识他，他应该也不会知道自己居然这么重要，但是在那个时期，他的关注和认可确实对我很重要。我当时打算记住我的第一位粉丝，并刻意用本子记录了下来。

视频发出后并没有如期大涨，一小时、两小时、三小时……播放量依旧星星点点。我们有点失望，毕竟我们对它倾注了很多心

第 3 章 内容运营：好视频是怎么做出来的

血。将近一个月的成果，不会就这么石沉大海了吧？

  根据我们多年的经验，之后我们做了第一个关键的动作——运营，因此我也拥有了我的前 100 位粉丝，第一个上万的播放量。

第 4 章

平台运营：找到流量密码

第 4 章　平台运营：找到流量密码

我的第一个视频如此粗糙，但还是有了上万的播放量。这既需要运营，也需要环境的加持。在视频到了 100 播放量并且连续 36 小时都不再增长的时候，我们开始排查问题。

分析不同平台的属性和特点

我将市面上现有的主流平台做了个分类，大家可以看一下不同平台的属性。

- 西瓜视频（今日头条）：用户年龄大一些，阅历丰富，主要获取资讯信息；

- 抖音：用户大而全，主要获取短平快类的"快餐"信息；

- B 站：用户年轻，初出茅庐，娱乐化与普及类知识、结构类知识为主；

- 视频号：用户更加年长，更加下沉，倾向于情绪类内容；

- 小红书：时尚达人更多，女性居多；

- YouTube：海外用户；

- 其他：企鹅号、百家号、网易号、快手、知乎、微博、公众号、皮皮虾、斗鱼、虎牙、爱奇艺视频、腾讯课堂、虎嗅网、度小视（原全民小视频）、A 站（已被快手收购）、优酷。

我们接下来要做的平台运营，就是在这些平台上做的。由于每个平台的用户属性和用户需求有所差异，所以有时候你的视频在抖音很受欢迎，但是在 B 站却没什么效果。这也是各位新人 UP 主经常会遇到的问题，所以在这个过程中，我们需要找到适合自己的平台，在执行上直接做多平台分发，以少量平台为主，其他平台为辅，全面发展。

关于运营，有很多定义。在视频领域，运营可以理解为在特定的环境下去做合适的优化动作，以求达到完成结果的一种行为。所以运营最重要的就是拿出结果，这里的结果不一定是播放量、点赞数，还有可能是用户黏性、用户对你的态度、用户的互动效率。在不同的阶段，运营会有不同的结果要求。

运营的第一步就是要了解环境，也就是平台策略。

针对不同的平台，找到不同的运营策略

平台策略可以让我们的内容得到最大化利用，这就像我们生活的祖国一样，我们都是在一个规则框架之下活动的。国家会给我们制定政策，会给我们制定法律，告诉我们哪些能做、哪些不能做。平台也是这样，它也会有一个规则框架，哪些是能做与不能做的，哪些是鼓励去做的。

那么，平台为什么会制定这些规则？因为利益。这些规则的本质其实就是平台需要什么，就会鼓励什么。平台在不同阶段需要的东西也不一样。以淘宝为例，早期的淘宝平台看重商品交易总

额。因为它是撮合交易平台，所以在那个阶段，它通过不断地招商和拉新，一边提升平台商家的数量，另一边再提升用户的数量。早期的淘宝就是全品类招商，让所有的商家都来淘宝卖东西。当商品足够多的时候，让更多的用户过来，跟商家达成交易，指标就可以完成。

但是近十年来，淘宝的策略发生了一些变化，它要的东西还是商品交易总额，但是它的规则发生了变化，因为用户和商家都已经饱和了。当全国大多数人都下载了淘宝，用户数已经涨不上去了，而且用户的使用时长也不再增长时，就意味着每天消费端的流量是固定的，这时候平台就需要转化率。在所有的商家中，谁能转化更多的用户，谁能转化更高质量的用户，那淘宝平台就把流量更多地分配给谁。早些年，一些淘宝商家实施的刷单行为都是很有效的，但是最近七八年，商家越来越需要关注转化率了。

这样的规律放在视频行业也一样适用。我国互联网网民有 10 亿多，除了 B 站有 3 亿多用户之外，像字节系的抖音用户已经达到 10 亿，用户量已趋近饱和，所以抖音平台策略今天也在走淘宝那条路径，也就是促进转化。视频平台在用户量不再增长的情况下，就会更注重用户停留时长，什么样的作者可以更好地吸引用户停留，吸引更多的用户关注，那么谁就是平台重点推荐的 UP 主。

在创作者的视频指标当中，会影响平台用户黏性的因素，就是视频时长、视频完播率、用户关注数、播放关注率、播放点赞率等。因此，我们看到，在每个平台的头部 UP 主当中，虽然粉丝量是差不多的，但是有的 UP 主会更多地被平台推荐，有的则不会。这是因为他们给平台带来的文化属性、用户黏性程度不同。

综上所述，我们将来会看到以下几种情况：

- 每个用户关注的 UP 主会越来越多，关注的越多，他对平台的黏性就越强；
- 转化率高的新人 UP 主会被平台推荐，但是如果体量始终不够大，那么也会被抛弃；
- 体量大，但是文化属性不够强、人设不够清晰的营销号和官方号会成为越来越弱的附加项。

从注重数量到注重质量，抖音会走这条路，B站等中视频平台也早晚会走这条路，但是现阶段还不会。B站虽然也会去追求效率，但是因为它的用户和创作者增速都还比较快，所以这会导致B站的算法对于各个指标的重视程度不一样。B站对于高播放量的爆款热门会更加在意。

综上所述，平台规则既然如此，那我们做内容的时候就要尽量往这方面靠。视频平台的算法做的也是撮合，只不过从商品交易换成了视频观看。算法之下，你的账号和内容会有一个属性标签；同样地，另一端的用户也有这些标签。当你发出视频时，平台会优先推荐给匹配的用户，以求达成最大的转化率。因此，你如果看过财经类的视频，不论是在抖音、今日头条，还是B站、YouTube，它们都会在之后的一段时间里持续给你推送财经类的视频。

我们来看成熟的头条系在这方面是怎么做的？它要做的第一件事就是给用户打标签，如果一些用户经常看财经和法律知识，当我的内容发出后就会被优先推送给这些人。如果平台推送了100个人，100个人带来100次展现，其中有50个人点击观看了视频，平台就会认为我的视频话题还是不错的，就会继续推送给1000个

第 4 章 平台运营：找到流量密码

人。如果后续完播率、点赞率、分享率、展现播放率都还一直不错，平台就会推荐给更多人。

为什么很多人的视频在一开始的时候，播放率一直很难上去？因为当平台匹配给前 100 个展现的时候，没有带来很好的播放量、完播率、点赞率、分享率等数据，平台就会判定此视频质量不达标。

平台会根据播放量、展现播放率、完播率、播放点赞率、分享率、评论率等综合维度来评估一个视频的优质程度，分出 A、B、C、D、E 等多个等级。如果你的视频成了爆款，也就是播放量非常高，即使其他的点赞率、分享率等没那么高，那平台依旧会大力推送这个视频。爆款是大多数人都会去看的，也符合绝大多数用户的胃口，所以这个时候平台就会持续给你的视频加推。

这样的视频评价体系在字节系平台已经非常完善了，因为其创作者也近乎饱和。但是在 B 站还算是价值洼地，B 站的创作者和用户数量都还在高速增长。为了适应这样的环境，它就需要将更多的机会给小 UP 主，所以算法的匹配逻辑就需要有不一样的规则。

89

由于平台处在不同的时期，它的规则就不一样，因此我们作为一个小 UP 主，就需要针对不同的平台做出不同的策略。现阶段以 B 站、西瓜视频、抖音平台，尤其是以 B 站和西瓜视频为主，以其他平台为辅，这也是我们大多数账号目前的策略。

了解平台规则逻辑的目的是希望这些规则能有助于我们运营时带来更好的结果。接下来，我们谈一谈每个流量入口是怎样运营的。

如何获得平台的首页推荐

用户在进入 App 之后会从很多入口看到我们的内容。如果是在抖音，那用户更多的是直接刷到我们或者找到我们的主页；但是在其他平台，就会存在很多入口。我们要把每一个入口都做到相对优质的运营。

以 B 站为例，最主要的一些流量入口有首页推荐、关键词搜索页、同类视频推荐、个人主页、用户朋友圈分享页、热门推荐、频道与分区推荐页、联合投稿、话题活动入口等。

第 4 章 平台运营：找到流量密码

关于首页推荐，用户能够看到的页面如图 4–1 所示，在这里，你能看到的信息有封面、标题、UP 主名称、播放量、弹幕数和视频时长。

图 4–1　B 站首页推荐

能够影响我们在首页的推荐量的因素主要有四项：选题、封面、标题和内容质量。

找到天然带有大流量的选题

选题其实就是在选择需求。如果是明星八卦，受众就会很广，这是天然的优势；如果是股票财经，受众就会小很多。也就是说，话题的初始流量池越大越好。

什么选题才算是一个好选题？答案是能够占据更大、更持久的流量池的选题。比如，人口老龄化问题，其受众群体就比较大，而且话题会持续很久；如果谈明星离婚，虽然话题占据的流量池很大，但是这个话题今天热了，明天热度就会降低，后天可能就没人关注了。

挑选选题的方法有两种：追逐热点和占据高频关键词。

追逐热点

追逐热点的目的就是为了天然的大流量，通常查看选题的时候先看五大热榜，即知乎、微博、头条、B站、抖音五大平台的热搜。

我曾经的一条关于美股熔断的视频，就正好赶上了那段时期美股连续崩盘的日子，所以成了全平台的热点。

每天都会有热搜，但不是每天都会有热点，所以如果不是很大的热点，就没有必要刻意去追。视频制作周期也需要很长时间，可能视频出来了，热点也错过了。

关于追逐热点，会有一个问题：同一热点选题下，如何让视频数据更好？这里有四大原则：

- 时间就是金钱；
- 内容系统化、完整化；
- 切入角度差异化；
- 视频风格差异化。

时间就是金钱。视频制作需要多人配合，单兵作战时，视频制作周期通常都比较长，不适合经常追逐热点。

内容系统化、完整化。××事件刚出来的时候，很多人都在评论，但是整件事的前因后果具体是怎么回事，你在一个视频里面讲透，会让这个视频的生命周期更长久一些。这样的视频本质上还是在向观众传递信息。

切入角度差异化。同一个事件曝出来后，你可以从很多方面去观察，如事件来龙去脉视角法、历史视角法、当局人物视角法、上帝视角分析法、逻辑盘点视角法、自身看客视角法，这些都是可以使用的。历史视角法和上帝视角分析法是我最常用的两种方法。

视频风格差异化。视频风格可以是严肃点评或者搞笑调侃，但这种视频因人而异。通常一个人就是一种风格，想再变化很难，我们更多的是从自己的风格中去选择可融合的选题。

占据高频的关键词

占据高频的关键词就是用优质内容对用户的搜索词进行卡位。比如，用户在很多平台搜"老龄化"，他就可以搜到我的"2030 人口老龄化"的视频。这个视频就把这件事情讲透彻了，所以用这一个视频就做好了"老龄化"这个关键词的卡位（但也不排除会因为

第 4 章　平台运营：找到流量密码

平台竞争，B 站等平台会屏蔽掉与竞争对手暂时签约了的 UP 主）。

在 2021 年底的时候，我出过一个"共同富裕的解读"的视频，在今日头条和抖音合计播放量超 2000 万。一般来说，知识区的一个话题，用户看两个视频就可以了解得很清楚了。因此，我就打算有深度地讲透每一个话题，这样用户读过我写的政策解读类内容，就可以了解这个政策的 80% 了。我就是用这样的优质内容一个话题一个话题地卡位，所以我的视频转粉效率都比较高。

这里面还有一个规律，就是对于同一个话题，虽然你出过视频，但是它的权重会慢慢下降。基本上过一两年，想要持续在对应关键词的搜索结果前排被看到，是比较难的。因此，即使是人口话题，我也会隔一年多就重新讲一次。

关键词卡位有以下三个方法。

第一，占据基础词汇。比如基金、股票、新能源汽车等这些很常见的词汇，因为本身已经有很多人讲过了，所以你再讲的时候，除非能讲得更有深度，不然就不要去触碰。

第二，当下热门视频的同质化。比如李大饼的"国产方便面50年浮沉史"，你就可以写"奶茶史""火腿肠史"等，对同样类型感兴趣的用户会有很多，这都属于同质化。当新人UP主出现爆款时，你就可以去模仿他。这就是市场竞争，只要你能提供更好更优质的产品，那就值得干。

第三，提前预判今后的关键词。这个比较难，比如说我在写"一篇看懂中国酒行业"文案的时候，白酒板块在股市里刚刚露出苗头，但是我预计当白酒板块股价越涨越高的时候，大家对于白酒的关注度就会越来越高。因此，我提前一个多月写那个稿件，最后发出的时候，确实收到了用户很好的反馈，仅字节系平台的播放量就破了2000万。

从竞争角度重新定义好选题

每一个选题都有很多人在讲，所以在把握选题的竞争策略上，就要避其锋芒，或以深打浅，或以快打慢。

对于一个常规热点，同一个领域一旦出现超过三个大爆款，就尽量不要做了。比如说，老龄化话题在2020年底那段时间上了热

第4章 平台运营：找到流量密码

搜，我就是在那段时间以最快的速度和足够深度的内容做成了当时的爆款视频，全网播放量达 1500 万。随后有很多人开始跟进谈这个话题，但是播放量都不是很理想，这就是他们恰好撞到了我的枪口上。

我们需要的不只是"爆"款选题，还需要蓝海的爆款选题。当一个话题已经有太多人去讲，而且深度也足够，数量也足够多的时候，我们就要学会避其锋芒。

从用户需求的角度去理解视频出现爆款的原因，其本质就是分析用户从这个选题当中最想知道的是什么。谈白酒，他想知道的是白酒的股票和基金还能不能买；谈城市化，他想知道自己所在的城市还有没有钱赚，家里的房子还能不能涨价；谈操盘思维，他想知道自己是不是也能将这种思维应用到现实，并为自己获利；等等。这些都是用户最原始、最真实的需求，所以想要做出好视频，本质还是要很好地满足用户的需求。

从这点也能延伸出来，由于每个平台里的用户年龄和风格都不一样，所以有时候，我们的选题也会刻意针对某些平台来做。比如，我就为 B 站专门做过"B 站财报"以及其他思维系列，为字节系做过国家系列和政策解读系列。

这就是针对不同平台做不一样的选题，目的就是希望可以有机会全盘开花。

封面和标题是吸引用户的主要因素

在首页推荐中，能够吸引用户点进来的最主要的因素就是封面和标题。我见过一些人的标题和封面都是同样的文字，这就是运营上的"懒政"。如果是特别优质的视频或者知名的 UP 主，运营"懒政"的伤害会非常大。运营对每个新人来说极其重要。

在我的第一个视频面临播放困境的时候，我做的第一个主要动作就是修改封面和标题；第二个动作是将原有的视频剪短，从 17 分钟变成 10 分钟，以提高视频的完播率；第三个动作是在弹幕上做评论引导。关于这一点，我们将在第 5 章里讲解。

好封面要注意的六大法则

怎样才算是一个好封面？从市场角度来看，可以让更多的目标用户点击的封面就是好封面。

这里面有两个关键词：一个是目标用户，一个是更多的点击。目标用户一定要锁定，所以要避免标题党；更多的点击，就是要在封面上直接击中用户的爽点或痛点。

关于封面运营有以下六大法则。

1. 背景颜色差异化。在图 4–2 所示的版面当中，你最先看到的是哪个封面？大多数人的回答都是西瓜、太阳，因为它们的背景色相比其他的更深，这样会在视觉上造成第一印象的冲击。各平台的视频推送主要是算法推荐，我们根本无法知道当视频被推荐上首页时，视频周围的环境是什么样的，所以在封面颜色的差异化上，主要做与同行的差异化即可。

图 4–2　背景颜色差异化

2. 背景图案表达要切合文章主题，有冲击力，打造用户熟悉感。我的视频"2030老龄化的中国"，其封面的背景图案用的就是一群老人（见图4-3）。当我们听到"老龄化"这个词的时候，脑海中的第一画面就是老人，所以背景图就直接用图片将此呈现出来，会给用户带来更好的冲击感。当我的第一个视频播放遇到困境时，我首先想到的就是要不要更换背景图和标题。

图4-3　背景图案切合主题

3. 封面文字需配合图案，直击用户痛点。先看一个反面例子，我们的第一个视频封面上的文字叫"这些可怕的病毒都给我们'带来'了什么"（见图4-4），这样的文字表述不清，而且没有击中用户痛点。如果放在今天，封面换成"新冠肺炎疫情对经济的影响"可能会更加简单易懂一些。

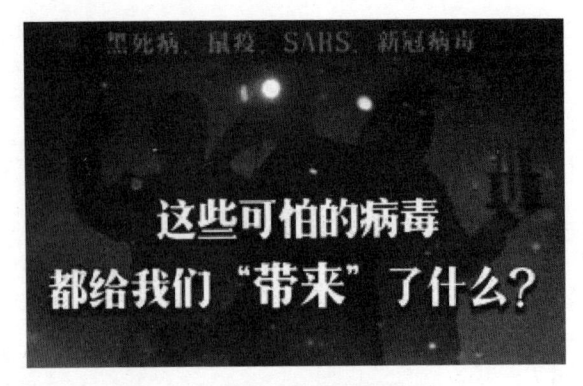

图 4-4　封面文字使用的反面示例

随着时间的推移，我在制作视频封面方面积攒了很多经验，比如我在 2020 年谈楼市行情时用的这个视频封面（见图 4-5），就可以很直接地戳中用户的痛点。即使到了 2025 年，大家回头取证我的观点和看法的时候，也一定会很明确地知道这个封面讲的是什么。

图 4-5　封面文字使用的正面示例

4. 封面文字尽量居中，字数尽量控制在 12 个字以内。这是一个小细节，经过我们的测试，如果封面上的字数超过 12 个字，导致的结果就是，要么封面放不下，要么字号不够大，会非常影响用户体验。如果一个用户在首页浏览到你的视频封面时，两秒内得不到封面上的信息，那视频的展现播放率就会被降低。图 4-4 就是一个非常典型的反面案例。

5. 后续的文案和图片要及时更改。一个视频在热点时期和沉寂时期，其用户的关注度是不一样的。热点时期，用户大多是从首页推荐过来的，而当过了那个热度期，用户可能更多的是从搜索框或者个人主页过来的。

热点时期，用户会存在疑问，所以我们更多地用疑问句。当推流完成，我们主要抓的是主页流量和搜索流量，用户的问题也比较定向，所以我们就改成陈述句。如图 4-5 所示的这个封面，最开始的时候，我用的封面文字是"房价还会涨吗"，因为在那个阶段，大家最关心的就是这个问题。但很长一段时间之后，大家再回头看这个视频时，其需求更倾向于验证我的观点，所以我就直接将标题改成了"2020楼市未来'涨'or'跌'",这样会更符合用户后续的需求。

6. 封面风格统一。我们看到林超、梨核财经等的封面风格都是比较统一的,统一的好处就是让人耳目一新,尤其是点进主页的时候;而且时间长了,用户只要看到封面风格就知道这是某个 UP 主的视频。

但是有时候,风格统一也会限制自己的发挥,在你的知名度还没那么高的时候,可能换个专属这个题材的封面风格会更好。

说得简单些就是,在前期我们没有必要考虑风格统一的问题,而是让每一篇视频都有它专属的封面和气质会更有利。待后续粉丝越来越多,则可以进行一次统一的封面大整改。

标题与封面要相辅相成

想要提升视频的展现播放率,需要封面和标题二者相辅相成,封面冲击用户,标题为用户解惑。

如何写好一个标题?最重要的有两点:

- 配合封面引起用户点击兴趣；

- 占据重要关键词。

标题的撰写要和封面的文字区分开来，主要区别是：封面文案是为了引起用户兴趣，偏营销类；标题文案是为了点明文章主旨，偏点明主旨类。

还是以视频"2020楼市'涨'or'跌'"为例，它的标题为"未来房价只会涨！房价涨跌到底由什么决定"，这句话搭配封面上的文案就能很轻松地勾起用户的好奇心，进而满足其需求。你想要知道房价未来还会不会涨，或者你想知道房价的涨跌是由什么因素决定的，那就点开这个视频观看吧。

标题的另一个作用是占据重要的关键词。很多用户是在首页推荐看到我们的视频的，还有些是通过搜索框找到的，为了能让用户后续搜到我们，在标题上不要太惜字。比如，"那些厉害的人，到底比你强在哪？受用终生的两种思维方式"这个标题文案，其实完全可以只用"那些厉害的人，到底比你强在哪"就可以了。但是之所以要加上"受用终生的两种思维方式"这句话，就是因为很多用户会在网站的搜索框内搜索"思维"这个关键词。这样一来，用户只要搜索"思维"，就能看到我的视频，而且在 2020 年很长一段时期内，我的这个视频都在搜索前排。

关键词搜索页与其他流量入口

我们说流量入口的来源有很多，首页推荐、关键词搜索页、同类视频推荐、个人主页、用户朋友圈分享页、热门推荐、频道与分区推荐页、联合投稿、话题活动入口，等等。首页推荐是所有入口中最重要的一个，所以我们花了很大篇幅来讲解首页推荐的运营，现在我们来看下其他入口。

关键词搜索页

很多用户想要看一些内容，尤其是知识型的内容时，会直接去平台的搜索框搜对应的关键词，如图 4-6 所示，这时候我们就要做一些搜索引擎优化（SEO）。

图 4-6　B 站搜索框

我们账号的信息有哪些是可以搜索到的呢？能搜索的包括昵称、简介、视频标题和视频简介。

比如，我是做财经视频的，那昵称或者简介里面最好有"财经"两个字，或者在简介里面加入这类关键词。这个动作非常重要，尤其是在我们还是一个小 UP 主的时候。

这里，我要着重提到的是视频简介。简介里可以加一些你预测未来可能会出现的高频关键词，比如大家都觉得 2022 年和 2023 年容易出现债务危机，未来这个词就有可能成为热搜词，那么现在我们制作视频时就可以提及或者加上这个字词。

关键词的搜索框结果也需要一定程度的运营，不过相对弱化许多。比如，用户搜索"思维"，会出现很多讲思维的视频，有的人是黑色封面，有的人是白色封面。这时如果希望用户看完其他视频还愿意点击我们的视频，我们就需要做一些差异化。比如，封面差异、话题差异,但我们使用的都是同一个搜索关键词。

这是非常细的运营项,也很少有人会做到这么细。虽然不需要完全做到,但是你需要知道并了解,在视频运营中这些小细节都是可以做的。

同类视频推荐

每个视频下方的位置会出现同类视频的推荐播放,如图 4-7 所示。针对这种方式,我们可以去找一些比较爆款的话题和视频,之后跟随这些话题,从不同的角度讲解。以"房价未来还会涨吗"这个爆款内容话题为例,我们就可以从汇报今天全国各地的房价数据这个角度讲解。用户对这个话题感兴趣,就会对同一话题下的不同信息都有需求。这个动作本质上就是我们通常所说的"话题占坑"。

第4章　平台运营：找到流量密码

图 4-7　同类视频推荐

其他流量入口来源

其他可以为视频带来流量的动作如下。

1. 官方活动。积极参加官方活动，如知识分享官、B站新人计

109

划、西瓜新人计划等。每个平台在不同时期都有针对新人的活动，在发送视频的时候带上话题，会有活动的推荐流量，这样就可以很好地助力视频持续推荐。

2. 视频推广投放。对于像抖音平台的"dou+"这类投放方式，我是不会参加的，也不建议新人投放这种付费推广。在 B 站，如果你的视频有人为你充电，后台就会出现电磁力。当电磁力达到一定标准，你就可以获得收益。记住，收益不要提现，因为它可以在后台的"创作激励"栏目中兑换成推广专用金，用来做推广投放。对于前期来说，如果有转粉效率不错的视频，对其做更多的推广投放，对 UP 主个人的长远发展会更有益处。

3. 用户分享。用户愿意分享我们的视频，其核心原因是，我们的视频表达了他想表达的、能够代表自己、帮助别人或者有一定的利益刺激。针对这点的建议有且只有一条，就是在写话题和内容的时候，多想一想，观众为什么要看我们的内容。

4. 开直播。如果你的账号具备一定粉丝量，可以尝试开直播。因为直播不仅会增加用户黏性，也会给你带来额外的新的流量。

5. 联合投稿。如果有其他 UP 主带你，最好是以联合投稿的方式合作，你单方面创作，让对方参与少量录音或者出镜。这样在前期账号冷启动时会非常迅速。

6. 热门推荐。全站热门是可遇不可求的，但是频道与分区的热门还是比较容易的。以财经区为例，它其实是个很小的区，只要一个视频有 2 万以上的播放量，就可以进入频道分区的排行榜；如果有 10 万播放量，基本可以排入这个分区的周 TOP5 了。

不同平台的推荐逻辑不同

今日头条（西瓜视频）

西瓜视频和今日头条都是很重算法推荐的平台，所以了解算法逻辑就变得尤为重要。

一条内容推荐量的扩大是一个不断反复推进的过程。算法会先找一批人，推荐给他们，根据他们的反馈，系统再决定是否推荐给下一批人，如此往复。

系统推荐具体看的数据，第一就是点击率，行业里称其为 CTR，分子是单个章节的点击量，分母是推荐量。用户看到的视频，主要靠今日头条的推荐机制展现在"推荐"页面，如图 4-8 所示。

图 4-8　今日头条的推荐机制

第 4 章 平台运营：找到流量密码

在这个推荐页面里，视频被刷到了多少次，就是你内容的展现量。而展现点击率，就是被推荐的人点击你内容的比率。理论上，展现点击率高，算法就会认为这个内容是被人喜欢的，也就会加大推荐力度。

但是展现点击率并不是唯一的衡量标准，因为单纯的展现点击率会催生很多标题党。早期的今日头条和西瓜视频为了打击标题党，开始综合考虑其他指标，如内容跳出率、页面停留时长、点赞率、转发率等。平台会综合各项指标给出一个总权重，从而判断内容是否优质，是否要继续扩大推荐量。

如何提高内容的展现点击率呢？用户在今日头条 App 的"推荐"页面里，只能看到视频的标题和封面图，所以封面图和标题就显得尤其重要。

其实今日头条是很早期的平台，所以算法机制也比较成熟，我们的内容不只是有视频、文章，还有微头条等。在账号前期的时候，可以发一些微头条、问答来为账号增加权重。微头条的某些机制也代表着整个平台的算法机制，我们会发现不论是微头条、视频、文章、问答，还是专栏，其算法逻辑都是大同小异的。

我们接下来就以微头条的推荐机制为例来了解下整个平台的规则。微头条推荐机制与文章和视频的推荐不太一样。文章只要审核过了，基本上不会有什么变化，但是微头条会有多重审核，而且不一定都会提示。

根据我的经验，微头条的审核一般有以下四个环节。

1. 关键字审核。有很多人会发现，微头条发出去很久都没有通过审核，很可能是因为某些关键字触碰了红线或话题比较敏感等，导致很多人都被卡在了这一关。

2. 敏感词审核。该环节没有明显的表现特征，但会导致无推荐，一小时阅读量才几十个，这种可能就是存在敏感词。

3. 正常推荐。内容是不是优质内容，在发出后的一小时就能证明，而这个过程就是冷启动。冷启动有几个等级：2000 以下、2000+、1 万+、10 万+。如果一小时能到 10 万+阅读量，那该内容就具备千万+的潜质。

4. 再次审核。有些内容很快就成了爆款，但之后又被提示为低俗、信息露出、暴力等。这种情况能改就改，不能改了就申诉，申诉还没用的话，那就没办法了。

头条的算法相比其他平台完善很多，这里面有很多规则，在其他很多平台还没有出现。头条是公共池子，有利于前期起号，B站和知乎等是社区，适合后续沉淀。

知乎

知乎是现有平台当中又一类重点平台。由于知乎的内容形式更多以问答为主，所以它的起号逻辑与头条等平台还存在一些差异，我们先看下知乎的算法机制。

知乎排名因素

知乎的回答排名，主要由下列几个因素构成。

- 账号在某个领域的赞同、收藏、喜欢积累数，其中赞同和收藏为核心指标。

- 账号在某个领域的回答与文章数。

- 账号在某个领域获得的专业徽章个数。

- 账号在某个领域获得的官方编辑推荐、日报收录个数。

- 账号的创作者等级（1~10级）。

- 账号的盐值数（0~1000盐值）。

- 内容的质量，也就是文笔如何。

- 回答后获得的点赞数、评论数、收藏数与喜欢数。

- 回答后获得的反对票数。

前六条是基于算法的客观因素，其中前四条是局部权重，后两条是全局权重。局部的意思是在某个领域积累的权重，比如我在财经商业这个领域积累的前四点很多，那么我回答完一个创业的问题，如果总共有100个回答，在只有0个赞的情况下，我的回答也能排到这个问题的前10名。全局的意思是在整个生态里的权重，只能慢慢积累。比如，A是10级创作者，1000盐值，B是0，那么无论回答什么问题、在什么领域，A的排名肯定高于B的排名。

后三条是根据内容质量进行动态评估的过程，也是平台针对优质内容比较偏主观的因素，所以不论是哪个平台，"掺水"是很难长期获得好处的。

如何做知乎排名

为什么要做知乎排名？比如，当我们搜索一个精准的问题时，我们首先看到的就是排名第一位的答案。而大多数读者通常不会往下滑动很多，所以无论哪个回答，都是前几名的流量最大。超过10名之外的回答，除了推荐页的曝光外，几乎很少有主动搜索流量，那么通过运营把排名往前推，就显得极其重要。

如何拉动知乎排名呢？从以上九个因素中，我们能看出来，要先从全局权重入手，我们需要做的就是提升盐值和创作者等级。以下是提升盐值的方法。

- 举报劣质内容是提升盐值最快的方法，但是每天不要举报太多，一天10个左右。

- 内容创作，也就是每天坚持写文章、写回答、写想法、提问题，最好也发视频。

- 完善个人信息。

- 多评论、多点赞、多关注，这样可以提升知乎系统对你的好感，知道你不是机器人，也会增加账号的权重。

- 加强互动，不仅仅是与人，还可以多逛逛一些圈子、社区、live 讲课等。

- 千万不要违规，新号不要做营销。在账号权重不高的时候做营销，极有可能会被封号。

- 建议开通会员，开通后可以提高抗举报能力，还有专属客服，及时快速响应你的私信，对于账号的权重提高也有一定帮助。

- 可在你擅长的领域开通专栏。

- 尽量多拿勋章，并提高勋章的等级。

- 内容为王，每个问题下的回答尽量超过 300 字，并加一张图片，这样既可提升创作者等级，也会增加权重。

- 成为仲裁官。成为仲裁官后每天仲裁，盐值会升得更快。

第 4 章 平台运营：找到流量密码

既然是内容平台，一定是内容为王，只有持续产出优质内容的答主才会获得更多的流量，因此知乎平台制定了创作者等级制度。那么如何提升创作者等级呢？

- 每天写 1～3 个回答，每个回答在 300 字以上，图文并茂最佳。

- 除了优质的回答，顺带发一篇文章或者一些想法。

- 回答或者文章能一键转视频的尽量转视频。如果会做视频，一周做一个原创视频。

- 加入几个知乎的圈子，并且每天逛一逛，发个言，给圈友点赞。

- 能开直播的尽量一周做一次直播，直播可以不露脸，记录学习、阅读等都可以。

- 每个月提问一两个问题。

- 长篇的优质内容才是知乎平台最喜爱的，其他是技巧。这条是核心。

知乎的算法机制服务于社区的持续优质，而且我们也能发现，想要单独做好知乎也是一件很辛苦的事。作为视频 UP 主，可以将知乎作为重点运营的平台之一，但是不可以太过复杂，毕竟平台间也要有取舍。

对于知乎，了解且点到为止即可。

抖音

抖音是全网流量最大的视频平台，所以这个平台一定要做。现在我们先来了解下抖音的推荐机制，如图 4-9 所示。

```
定位     上传      检测是否   没违规   算法推荐   复盘评估
账号  →  视频   →   违规   ───────→   视频    →  视频效率
                     ↓违规
                  删除视频
                  或封号

                         1级200~500
                         2级1000~5000
                         3级1万~2万
                         4级10万~12万
                         5级40万~60万（开始人工审核推荐）
                         6级200万~500万
                         7级700万~1100万
                         8级3000万
```

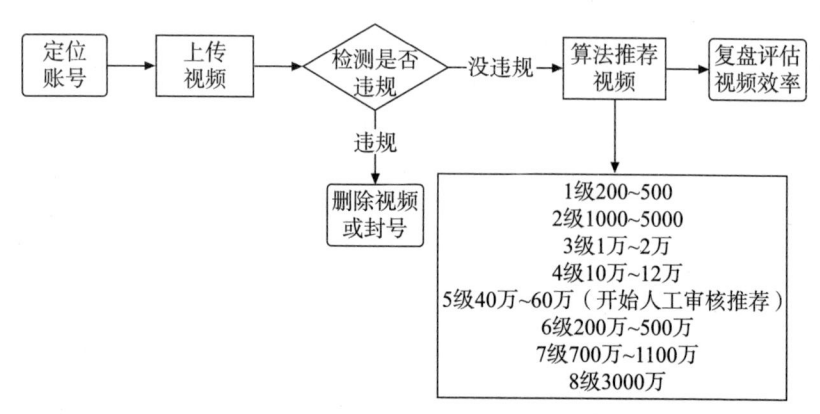

图 4-9　抖音平台的推荐机制

一个新视频发布后，系统会先检测是否违规。如果违规，就会做删除视频或者封号处理。是否封号主要看你账号的违规程度,一般情况下只是删除视频;如果没有违规,作品就会上传成功,并同时推荐给 200 ~ 500 个在线用户。那么初始的流量池大概就是 300 人,这 300 人产生的点赞、评论、完播(把视频看完)、分享的数量达标之后,视频就会进入待推荐列表,进入下一个流量池。整体的流量池机制如下:

- 1 级:200 ~ 500;
- 2 级:1000 ~ 5000;
- 3 级:1 万 ~ 2 万;
- 4 级:10 万 ~ 12 万;
- 5 级:40 万 ~ 60 万(开始人工审核推荐);
- 6 级:200 万 ~ 500 万;
- 7 级:700 万 ~ 1100 万;
- 8 级:3000 万。

当你的视频到达某个量级的时候,就会进入人工审核阶段。如果审核有问题，视频就会将作品屏蔽掉，只能你自己看到；如果视频带敏感话题，将会被停止推荐。

抖音平台推荐机制的核心是给你的作品打上标签，给用户打上标签，然后把内容推荐给合适的人，与今日头条的推荐逻辑大同小异。比如，你的作品是服装搭配的分享，系统就会把你的作品推荐给喜欢看服装搭配的人。

通常来说，如果是一个新注册的账号，前五个作品非常重要，它们能够决定你这个账号初始的权重和标签。因为新账号没有发布过作品，最开始是没有标签的，所以平台会根据最初发布的几个作品给你的账号打上标签，然后才能把作品推荐给带相应标签的人。根据被推荐人的反馈再一级一级地往更大的流量池去推荐，当然如果你不能进入下一个流量池，就会被直接刷掉。因此，如果你的前五个视频发布出来以后比较受欢迎，同时内容也比较垂直，就非常容易上热门了。

下面继续说一下热门账号的标准，以及其权重区间是如何划分的。

第 4 章 平台运营：找到流量密码

僵尸号。如果连续发布一周作品，其播放量一直都在 100 以下，基本可以判定这个账号是僵尸号了。僵尸号很难火起来。一般情况下，一个人只有一个实名抖音账号，如果出现这样的情况，你就要做好重新养号的准备了。

最低的权重号。如果你的账号里的作品连续一周播放量都在 100 ~ 200，那就属于最低的权重号。最低的权重号只会被推荐到 D 级流量池，如果你的作品连续半个月的播放量都没有突破，那你的账号就会被降为僵尸号，也就成了废号。

降权号。如果账号被降权，会收到抖音平台的明确通知。比如，原来播放量都是上万的账号，突然有一天你发了一条广告，或者你的视频附带了其他产品，平台系统识别到你在打广告，就会直接给你降权，而且有可能直接把你的账号降为僵尸号。又或者你删除、清空了过往的视频，这些都会导致账号被降权。这也就是为什么有些人的账号本来挺好的，然后突然就没什么播放量了。

如果账号被降权，也有补救办法。

- 保持一机一卡一账号，不要来回切换多个账号，一个 Wi-Fi 下面不要登录多个账号。

- 发原创视频，多用抖音自带的直接拍摄。

- 发布高质量的作品，多参加热门话题，使用热门音乐，以此提高账号权重。

如果你经常搬运其他平台的作品而且没有经过二次创作，或者搬运内容比较多，被抖音平台检测到，平台也会发信息提示你搬运的内容太多。如果不改进，平台后期会给你减少推荐量。这和前面一样，都属于在操作过程中的降权，而这种降权一般都会得到提前通知。

我的建议是：了解清楚规则，从各个方面精心打磨视频内容。我的账号从来没有投过 dou+，依然做得很好，而且起号很快，所以优质内容依旧是做好视频的核心。

待推荐账号。如果你的视频播放量都是在 1000～3000 之间，就是待推荐账号，那么你就需要创作一个更高质量的作品来引爆账号，这样系统才会推荐更大的流量池给你。

第 4 章 平台运营：找到流量密码

待热门账号。这种账号的视频播放量一般都在 1 万以上，离上热门就差一步之遥，这个时候你就需要参与热门话题、新话题以及平台的一些活动，还有一些热门音乐、达人合拍等，这些因素都会助推视频的流量。

热门账号。热门账号是权重非常高的一种账号，播放量一直维持在几万以上，官方一般会将这种账号主动推荐给更多的人。

以上三类平台的推荐机制，基本上可以代表现有平台环境中最典型的三种类型。了解了平台的运营逻辑，最重要的是尽快执行。平台的规则也都是动态变化的，时刻关注平台的动向，也有助于你在平台中更好地生存。

第 5 章

用户运营：用心了解用户群体

第 5 章 用户运营：用心了解用户群体

在视频运营领域，极少有人把用户运营单独拎出来讲，但是在我看来，这恰恰是最重要的一部分。内容运营、数据运营、用户运营等，每一个职能的核心区别就是对待问题的视角不同。

什么是用户运营？有一种定义是以产品用户的活跃、留存、付费为目标，依据用户需求，制订运营方案的一种行为。

在内容领域，我的看法是，用户运营的目的只有一个，就是和用户成为朋友。此用户运营并不完全在"术"的层面，而更多的是能够通过各种渠道，与用户的情绪达成共鸣，与用户的认知达成共识。

盗月社的每一个视频都做到了能与粉丝达成情绪共鸣，因为他们就是屏幕前看视频的这群人的代表。半佛仙人早期的一些视频也能很好地与用户认知达成共识，因为他说的话就是屏幕前的你想说的话。

这些现象级优秀 UP 主的出现看似简单，实则抓住了用户最核心的痛点——归属感与认同感。

在这里，我想问的第一个问题就是，你了解你的粉丝吗？要了解你的粉丝，主要从两个方面考察，即用户属性和用户行为。

了解用户属性和用户行为

用户属性是指用户的年龄、性别、地域、职业、爱好、手机机型等基本情况。比如，巫师财经的用户属性就是女粉丝和男粉丝各占 50%，用户年龄层分布以 20 ~ 30 岁为主。

我的粉丝画像则不同（见图 5-1 和图 5-2），我的男性粉丝占比 88%，女性粉丝只有 12%，年龄分布在 31 ~ 40 岁接近 50%，且 80% 的人都在 30 岁以上。同样，我的粉丝年收入较高，人群也更理性，这个年龄的男性通常都是各行各业的中流砥柱。

● 女性 11.89%

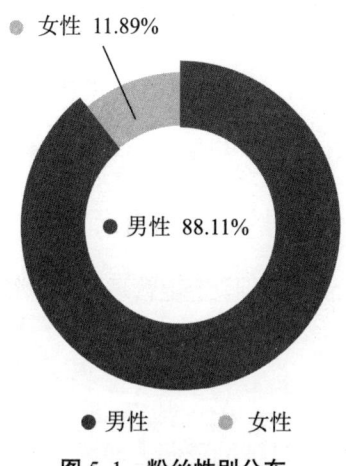

● 男性 88.11%

● 男性　● 女性

图 5-1　粉丝性别分布

年龄分布

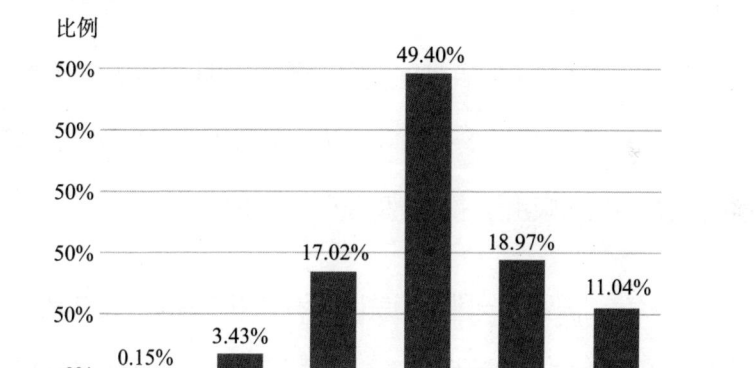

比例

年龄段	比例
0~18	0.15%
18~23	3.43%
24~30	17.02%
31~40	49.40%
41~50	18.97%
50+	11.04%

图 5-2　粉丝年龄分布

这样的粉丝属性有一点不好的地方就是，他们并不是网络上最爱发言、最爱传播的那部分人。一般来说，用户最喜欢发言、最喜欢在网络上评论的阶段，恰恰是 20 ~ 30 岁。这时的人们开始有了自己的独立想法，也有很多的空闲时间，且善于表达沟通，所以很多大公司一直都在说"得年轻人者得天下"。因为 20 ~ 30 岁的年轻人最善于发声，而且也刚刚走上管理岗位，往往可以引领整个互联网媒体发声的氛围。

用户属性的作用就是帮助我们去理解用户。在我们看用户属性之前，有时候会臆想用户是长什么样子的，容易造成内容上的偏差。随着时间的推移，我们自己会进步，其实用户的属性也是在不断变化的。我今天出的内容是关于娱乐圈的资本分析，或者思维类的，吸引过来的大多是 20 ~ 30 岁的人，明天出了行业分析、宏观经济之类的分析，吸引过来的就是 30 ~ 50 岁的人。

因此，我们需要隔一段时间就回头看看用户属性，尤其是当你的内容出现很大变化的时候。了解用户属性之后，就要了解用户行为。

用户行为是指用户在与你和你的内容进行互动时留下的行为

第 5 章 用户运营：用心了解用户群体

记录，如点赞、评论、分享、观看视频、私信等，这些都是用户行为。

有哪些人经常看你的视频，经常与你互动，后台会有一个排行榜，如图 5-3 所示。你会看到有哪些人经常给你评论，也能记住数个熟悉的 ID。

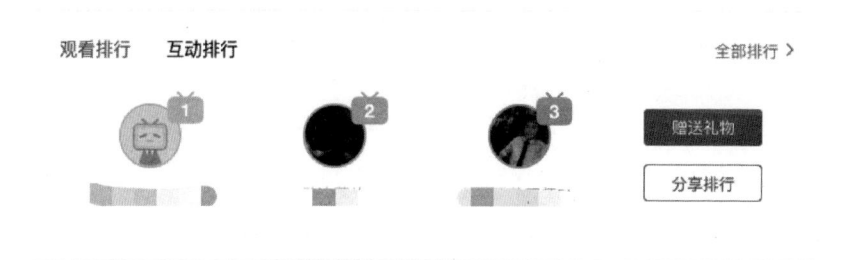

图 5-3　后台互动排行榜

了解用户属性和行为的目的，是为了做到精细化运营。在粉丝少于 100 的时候，我们是可以照顾到每个人的；但粉丝到了 1 万的时候，你就会发现，粉丝群会很明显地出现分化。群内只有少数人在不断跟你互动，其他大多数人都会成为看客，他们最多的动作仅仅就是屏幕上点个赞，屏幕前点个头，所以对于粉丝一定要做分类分级运营。

分类分级并不是一个新鲜事物，茅台对于经销商的管理，阿里巴巴、滴滴、支付宝、微博、美团等对于会员的管理，都用到了分类分级。分类分级在视频用户运营领域应用时，用户被分成了三类。

- 核心用户。几乎每个视频都看，而且经常与你互动。
- 一般用户。经常看你的视频，但是不怎么经常跟你互动。
- 泛粉。属于围观群众，有感兴趣的内容了就看一下，其他时候基本上不关注。

由于数据的采集极其复杂，所以在用户运营这一层，我们只需要找到核心用户，让核心用户跟你产生更多的交互，这样就会形成一个能量场，进而影响更多的用户。比如，盗月社每年都会去粉丝家里聚会聊天，当视频发出来之后，其他粉丝看到了也会觉得很温馨。

知识区的 UP 主，像小丹尼、小民哥等人都会建立自己的社群，在平台之外的地方与用户互动，解答一些问题或者做其他更深

第 5 章 用户运营：用心了解用户群体

度的交流。一些游戏博主还会定期在线下聚会，慢慢地形成了粉丝圈子。

在这里，我想强调以下两点。

1. 我们看到的建群、建社区等，这些是 UP 主做的用户运营的动作，但是不代表这种用户运营就一定是成功的。即使一些 UP 主的群进了很多人，最后也还是销声匿迹了。

2. 寻找核心用户的方法有一定的门槛，不只是金钱，还包括其他方面。

我们可以在评论里去寻找，总会有几个人经常给你发私信，还有就是查看后台的互动和观看排行榜。我跟核心粉丝只有一个八个人组成的小群，这是经过很长时间的深思熟虑才构建的，我担心如果小群的价值不大，那么这个群很快就会销声匿迹。

还有一些粉丝是加的个人微信，会经常在朋友圈互动。时间一久，这些核心粉丝就像朋友一样，只是有的还没见过面，不过彼此已经有了很多次互动。

我一直很谨慎地做这样的事，我的观念是，核心粉丝贵精不贵多，多了就一定不精了。过年过节的时候，我会和粉丝互相拜个年，发个红包，偶尔去某个城市，还会跟几个人见一面吃个饭。我们的关系并不需要刻意维护，现在他们都是我的朋友。

视频领域的用户运营和互联网产品的用户运营还是有区别的。用心找到核心用户最关键。对于一般用户，我们能做的就是跟他们在视频中互动。如果有人评论了很长一段，那说明这个人很用心，这时候就可以跟他聊一聊，认真地回复一下评论，这也是对他的尊重。

对于一般用户的维护，我的建议是优质评论一定要回，定期回私信，关注读弹幕的感受并做优化。只要做够这三点，用户的体验就会变得很好，而这样的动作代表了你重视他们。

对于泛粉，其实当你对核心用户和一般用户用心的时候，你的内容、评论回复都可以传递出你的用心，而他们也会同时感受到。粉丝能量磁场的形成需要时间打磨，也需要用心维护。

做好精细化管理，形成粉丝能量磁场

比用户认知低或高太多都不可取

如果你今天的作品高于用户或者低于用户认知太多，都是很糟糕的事情。这个现象在很多领域都被验证过，如凡·高的作品，在生前并不被大众所喜欢，但是他死后，作品却成了传世之作；周星驰的《大话西游》当年上映的时候票房惨淡，可是过了多年之后，却成了高分经典影片。

造成这种现象的原因是创作者的能力和认知太过超前，很难被用户理解，甚至会被唾弃，但是之后却极有可能成为"佳作"。因此，我说这在商业上是糟糕的，但在艺术上是成功的。

我遇到的大多数创作者都多多少少有一些情怀，想要创造出"艺术品"，而不完全是"商品"。好的内容、好的知识、好的艺术品是能够经受住时间考验的。即使很多年之后再回头看，也依然觉得它们是好内容，而不会觉得作者在胡说八道。

因此，超出用户现阶段认知太多的作品尽量少出，维持商品、艺术品在 8∶2 的比例是比较合适的。

你认为的深度并不一定是用户认为的深度。你觉得好像大家都理解股票，都知道白酒的市场份额的情况，都知道一些专业名词，其实并不是这样的。大多数用户需要创作者从头来科普。

这部分内容最主要的就是给部分人提个醒，有时候做内容需要把认知和能力往下降一降，用户才会更明白你要讲的是什么。

与用户观点产生冲突时保持理性客观

做 UP 主最常见的一件事就是会跟用户观点产生冲突。比如，在讲楼市的视频中，我说核心高线城市的房价不会降，只会随着当地经济持续增长，但是那时候政府传达的信息是房住不炒，所以会有一些用户持反对的观点。一开始我还会跟对方解释，不过这种事经历过几次之后就习惯了，因为不论你的观点是什么样的，总会有人持反对意见。

今天我们再回头看，北上广深杭等高线城市，以及广东、江苏、福建等经济发达的省份，其房价相比那个时候都出现了很明显的上涨。只有一些边线小城，由于经济低迷、人口流出，才出现了房价下跌的现象。

很多事情的验证，都是在有需求之后才会知道，所以当与用户之间发生观点冲突的时候，尽量理性客观地回复。除了让对方理解你的观点之外，更重要的是让更多人看到一件事情的两面性。有一些评论我是一定会去回复的，就是用户在特别认真地反驳我时，我会接受他的反驳，并且告诉他我的观点。这样一来一回之后，这条评论通常就会成为热评。

不论是正向热评还是负面热评，在我看来，它都会带来一些正面的影响。负面热评会帮你带来"黑粉"，但"黑粉"通常对你观察更细致，他们愿意从你的一切言语中找到漏洞反驳你；久而久之，"黑粉"如果转成了"正常粉"，反倒会变得更加忠实。

用内容表达维护用户，加深用户认知

每个网红都有其生命周期，就像娱乐圈的艺人一样。我们今天回头看曾经出现过的许多艺人，在演过一两个剧之后就大红大紫，但是之后很多年的时间里似乎销声匿迹了一样。之所以出现这种现象，是因为艺人没有持续输出更好的作品。

因此，用户运营最直接的方法就是持续更新优质的内容。2018年，抖音里的 M 哥凭借一些歌曲很快就积累到了 3000 万粉丝，但是最近两年，热度早已经大幅下降；B 站博主二姐，在 2020 年初的时候凭借一个视频涨粉 20 多万，但此后就再没有出过更优质的内容，现在热度也大幅下降，并长期断更。作为 UP 主，能够将优质的内容持续下去，才是所有运营的核心。

为了能让用户的黏性更强，我们需要打造系列内容，以此来加深用户的认知。如老港片《赌神》《赌侠》《赌圣》等都属于同一个系列，作品间各自独立又互相成就。我的内容也出过系列，主要是"思维篇""宏观经济篇""经营篇""政策篇"，这些作品可以满足不同层级和不同需求的用户。这时我通常会在标题上将系列名展现出来，方便用户翻看视频的时候能够轻松找到。我会在收藏夹内做好视频分类，方便用户多观看几个同类型的视频，增加用户黏性。

对用户坦诚相待，切忌欺骗

欺骗粉丝是公众人物的大忌。每个人都会有优点和缺点，坦诚地暴露出来也没什么。我们都是普通人，有瑕疵反倒会显得更有亲和力，更接地气。但是如果出现严重的欺骗行为，你的影响力就会一落千丈，再也没有起来的希望了。

在成为一名 UP 主之前，就要做一个正直的人。在成为一名 UP 主之后，别太把自己当回事，也别妄自菲薄，傲慢和自卑都会让人离你而去。大家之所以喜欢你，就是因为你身上有闪光点，如果所有内容脱离了本体，完全靠演是不会长久的。

运营活动的策划、执行、监控、复盘

在公众平台上，最简单直接的促活方式就是活动，直接利用最基础的金钱利益来刺激用户。无论是现在的半佛仙人，还是过去的聚美优品的陈欧，甚至是早年的王思聪，在公众平台上经常会利用抽奖、发红包、送礼物等方式促进活跃度，效果立竿见影。

很多新人UP主会觉得活动就是做一个转发，或者发一条动态，放一个海报，但实际上这些只是活动的形式。如果你没有建立起完整的活动运营认知，那就很难复制其他人的经验，效果的好坏也很难评估。

不过，活动这条路对于UP主来说还是有门槛的。比如，想要在B站等平台拥有动态抽奖的权限，需要电磁力等级≥LV7，但是这并不意味着活动运营不重要。活动的方式也不止这一种。虽然今天各个平台可参与的活动形式仍然屈指可数，但是将来一定会更多元化。

在这里，我更想为大家建立一种基础的活动运营思维方式，不管将来平台规则怎么变化，你都可以自由地应对。

一场最简单的活动需要经过策划、执行、监控、复盘四个步骤。

策划。不管是多大规模的活动，策划时都要考虑两个最重要的因素：活动目标和活动预算。每个活动都要有明确的目标，不论是

第 5 章 用户运营：用心了解用户群体

拉新还是增强活跃度，都既要明确到具体的指标，又要为长远的结果考虑。如果你说我就是想给粉丝送一些礼物，也没有什么其他打算，那这不应该算是一场完整的活动。活动是商业行为，并且伴随着一定的商业目的，送礼只是个人行为。

策划活动时，第一个要选择的就是活动形式。因为活动形式不同，会对目标产生不同的影响。比如，微博转发抽奖这种活动形式非常简单，一般举办这种活动的人也都是希望扩大影响力。活动形式也并不是越复杂越好，没有最好的活动，只有合适的活动，活动形式的选择还是要符合我们一开始定的活动目标。

在视频媒体领域，UP 主们可选的活动形式包括转发抽奖、私信点名、公众号活动、社群活动等。媒体人做活动通常有两个目的：一个是为了拉新，让更多的人能够关注自己；另一个就是促活，也就是让粉丝活跃起来。

策划活动内容的选择需要契机，也就是内容要和时间匹配。在中秋节的时候选择与中秋节有关的奖品，在新年时选择与新年有关的奖品。活动的理由、内容匹配当下的时间节点，会让用户更容易接受。在每年元旦的时候,我建议你列出一个"活动日历",列出一年的哪个时间点是节日,这样在想要举办活动的时候先去看看活动日历,就能提前做好规划。

我们还可以跟随一些社会热点,比如在奥运会期间举办与奥运会有关的主题活动,不同的 UP 主做的活动也不尽相同。下面我们就来看下活动策划方案的几个主要要素。

活动目标(活动的核心)。所有的动作都围绕目标进行。最好在开始之前,定一个预期目标,这样方便活动执行和复盘时有一个锚点。

活动主题。为了契合当下的环境而需要拟定的主题,"双十一购物节""年货节""家电月"等都是活动主题。

目标人群。要么是现有粉丝,要么是新粉丝,通常都是为了拉新或者促活。但在做活动之前,需要了解用户属性,对粉丝画像有充分的了解,才能更容易制定活动主题和形式。

活动时间。通常包括预热时间、开始时间、结束时间、奖励发放时间。

活动形式与规则。这是根据活动主题和目标来制定的规则。比如,我们可以参考支付宝新年集五福的活动,活动的主线就是集齐五福并在除夕那天开启红包,而支线则是后来推出的养小鸡、种树等活动。我们通常是在动态区、社群、朋友圈等开展活动,所以讲清楚利益、利益获取方式、评选规则、利益获取时间,对活动目标的达成至关重要。

宣传渠道。根据不同的活动,选择不同的渠道以及准备不同的活动物料,如有的 UP 主想要别人帮自己转发一些东西时,就会准备视频或者文章;有的是打算宣传自己的产品,就会准备线上用的海报和线下用的易拉宝等。

指标监测。指标监测的目的是为了控制活动过程中可能出现的风险,或者根据环境调节参数,如成本指标、目标指标。比如做一场社群导流的活动,在海报和视频发出后发现大家只领取奖励,但是并不愿意进入社群,这时就需要找原因。原因可能是社群的价值没有讲清楚,这时候就需要在宣传物料上调整相关的文案。

常见问题解答。在很多大型活动中都会有一份常见问题解答，是交给运营人员或者客服回答用户问题的。但是对于很多 UP 主自己举行的小活动，由于规则没那么复杂，基本上没有这一项。

活动复盘。活动复盘是我认为整个活动中最重要的一个环节，很多人会把复盘当作一次庆功会或者业绩统计会。但其实复盘的目的只有一个，就是为了将来可以做得更好。

执行与监控。执行时要秉承统一标准，严谨执行；监控时遇到逆风随机应变，遇到顺风顺势而为。

复盘。复盘时需要对全局有足够多的了解。如果是公司复盘，就需要每个参会的人参与；如果是个人复盘，就需要自己在每个时间节点都养成记录指标的好习惯。这样在复盘的过程中才能更好地还原活动过程中各项指标的变化，才能更好地总结经验。

第 6 章

数据运营：复盘时用数据说话

第6章　数据运营：复盘时用数据说话

数据是检验视频市场质量的唯一标准。一部影片可能会获奖，但是不一定票房高；也可能口碑一般，但是票房很高。对于一场商业行为来说，第二种是成功的；对于艺术来说，第一种是成功的。每个人心中都有自己的艺术，但是在这里，我带给你的是生意，我希望你能先用生意的视角看待UP主，然后再去追求属于你的艺术。

统计关键视频数据，避免与市场脱节

在我成为UP主的过程中，我认为我最好的习惯就是每天统计数据，并且定期复盘。最初视频更新频繁的时候，我每天复盘一次，后来更新频次降低了，我也会至少每三天复盘一次。这样做是为了避免自己与市场脱节。数据统计和复盘最大的好处就是会带给我们意想不到的结论。下面我们一起走一次复盘的流程。

统计数据时，有两个数据表格最重要，一个是单日数据表格，另一个是单个作品数据表格。

单日数据表格

单日数据表格每天主要统计以下数据：视频展现量、播放量、点赞量、评论数、净涨粉数、播放涨粉效率、播放点赞效率、总粉丝数，这些数据按照平台各自统计出来。

需要注意的是，不同平台的统计规则是有区别的。因为我的主打平台是西瓜视频、抖音和 B 站，所以就主要统计这三个平台的数据。如果你主打的是其他平台，就可以着重统计其他平台的数据。比如西瓜视频、B 站等平台的后台会显示每天对应的数据，在"创作者后台 – 作品数据"当中统计即可。抖音的数据也在抖音后台，但是抖音平台只保留一个月的数据。如果你的复盘周期很长，就要养成定期更新数据的好习惯。

第 6 章　数据运营：复盘时用数据说话

单个作品数据表格

第二个表格是单个作品的统计数据，具体指标有发送时间、封面题目、视频类型、总时长、平均完播时长、完播率、播放点赞率、粉丝增长停滞点、播放量停滞点、点赞停滞点、评论停滞点、播放转粉率和点赞转粉率。

这些都是我统计时经常用到的指标，完播率、播放点赞率这些都可以直接看到，但是粉丝增长停滞点是一个动态数据。我通常是在发送当期视频的时候统计一下粉丝数，在视频发出去一段时间后统计一次，两个数字相减，默认这段时间里粉丝的增长都是由这个视频带来的。这样操作的原理是，通过记录一段时期内的各项数据，来作为这个视频的效率指标。播放量停滞点、点赞停滞点、评论停滞点也是这个道理，比如播放量有 10 万，此时的视频涨粉 3000 人，点赞 6000 个，那么这个视频在这个平台的播放转粉率就是 3%，点赞转粉率就是 50%。如果在后续的一个月里播放量增加到了 20 万，这时候就不需要再重新统计了，因为在这一个月的时间里，其他发布的视频也会带来新的转粉，这样会影响最初的统计结果。所以，记录粉丝增长停滞点以及其他指标的停滞点时效性很强，也至关重要，取决于大家统计数据时的用心程度。还有一种方法是，直接按照天数来计算，比如发布一个视频后，此后七天所有的转粉等数据都算作这个视频的。这种方法的缺点是统计数据相对粗糙，不过却很节省精力。

在数据对比中才能看到视频优劣

统计数据最主要的目的是分析，而分析是为了找到视频好或者坏的原因（这里指商业上的好坏）。

我们以下面的一组数据为例（见表 6–1）。其实到今天为止，表中这个视频的播放量已经达到了 84 万，规模指标比统计当天的数据多一倍，但是那天统计的视频效率相关的指标一定更准确。

表 6–1　　　　　　　视频数据分析举例（1）

封面题目	类型	总时长(min)	平均完播时长	完播率	说明认可 UP 主 播放转粉率	说明认可 UP 主 点赞转粉率	播放点赞率	粉丝增长停滞点	播放量停滞点	点赞停滞点	评论停滞点
《垄断一个行业：十三香》	行业分析	10分16秒	4分57秒	47.70%	2.00%	290.12%	0.69%	605 143	393 548	2712	669

效率指标就是指播放转粉率、点赞转粉率、播放点赞率等。尤其是当我们还处在中小 UP 主阶段（单平台粉丝数 100 万以下）时，更需要着重关注这些指标，它们比纯粹的播放量等规模指标更重要。因为粉丝的关注意味着后续播放量可能会更多，所以我们在做视频的时候，一开始的目的就是积累粉丝，只要粉丝能够积累起来，播放量总不会很差。

如果只看单一指标，"垄断一个行业：十三香"这期视频的播放量还不错，但是落实到播放转粉率这个指标上，只有 2%。一个视频的转粉效率通常都是比较稳定的，所以这个视频 80 多万的播放量，给我带来了 1.6 万的粉丝增长。

相比之前的"一篇看懂中国酒行业"视频数据（见表 6–2），播放转粉率接近 7%，虽然在单平台只有 23 万的播放量，但却带来了 1.8 万的粉丝增长。

表 6–2　　　　　　　视频数据分析举例（2）

封面题目	类型	总时长(min)	平均完播时长	完播率	说明认可 UP 主播放转粉率	说明认可 UP 主点赞转粉率	播放点赞率	粉丝增长停滞点	播放量停滞点	点赞停滞点	评论停滞点
《酒行业：茅台》	行业分析	22分34秒	8分41秒	30.10%	6.97%	355.29%	1.96%	522 260	235 211	4614	577

在分析视频的时候，最先要看的就是播放量、转粉率两个指标。这两个指标直接代表了观众对于 UP 主的喜爱度，如果播放量很低，就说明视频质量不够，其他指标也就没有必要再看了。

当播放量突破 1 万，转粉率就可以代表粉丝对 UP 主的喜爱程度。转粉率代表的不只是粉丝对视频的喜爱，更是用户对 UP 主后续作品的期待度。如果视频转粉率高，那这类视频就是我们后续需要关注的重点题材。大家在各大平台也能看到我的"如何专业做生意"系列视频，这个系列的播放量相比其他系列低很多，但是这个系列带来的粉丝忠诚度都很高，而且视频的转粉率很不错，所以对于这个系列，我也就有了一直做下去的动力。

第 6 章 数据运营：复盘时用数据说话

其次，再看展现播放率、完播率、评论率、收藏率、转发率、点赞率等指标。展现播放率体现的是一个视频封面和话题对于观众的吸引程度，一个视频发出后意味着话题已经固定，所以如果展现播放率非常低，就只能通过更换封面和标题进行运营调试。

完播率代表视频内容的优质程度，优质程度包括但不限于流畅、完整、起伏有度，有时候一个地方多说了两句话，多穿插了四五个画面，都会导致视频冗长，完播率下降。不同类型的视频完播率并不相同。比如，vlog 类、颜值类的视频完播率平均水平要比其他视频更好一些，所以我们只以自己的第一个视频为基准，不断优化。还需要强调的一点是，如果视频只有几十、几百个播放量，那考察完播率指标的意义就不大。

点赞率（投币率）、评论率、收藏率、转发率，这四个是针对视频质量的评估指标。如果是弘扬正能量的视频，通常点赞率（投币率）都会比较高；如果是硬核知识类的视频，收藏率会很高；如果是搞笑无厘头类的视频，评论率和转发率就会很高。所以这四个指标用在不同类型的视频时，衡量好坏的标准也不相同。因为我的视频都是硬核知识类的内容，所以我主要看的指标就是点赞率（投币率）和收藏率。

单个视频的数据是无法体现出好坏的，只有跟别的作品做对比时才能看出优劣。接下来，我们就来看下如何做一场定期的数据复盘，以及数据复盘主要看哪些方面。

定期数据复盘需对比的关键指标

一场定期的数据复盘，需要对比自己的作品、对比同领域其他作者的作品、对比同一视频各平台间的数据，对比指标包括播放量、转粉率、展现播放率、完播率、评论率、收藏率、转发率、点赞率（投币率）等指标。

由于每个 UP 主都会产出不同类型的作品，所以作品间不可一概而论，比如说我之前出过一期宏观经济政策类的视频，在西瓜视频的播放量很高，但是在 B 站却被冷落了，因为 B 站的用户普遍偏年轻，对宏观政策的关注也相对少一些。这就是平台间的差异，所以我并不会因为这期视频在 B 站表现不够好而减少产出这类内容。

第 6 章　数据运营：复盘时用数据说话

在对比其他作者的作品时，可以直接对比播放量、评论率、收藏率、转发率、点赞率等，但是这些我都觉得不够好，而如何计算竞争对手的转粉率则更有对比意义。转粉率可以用两个指标来衡量，即作品转粉率和总播放转粉率。

关于作品转粉率和总播放转粉率，都有其计算公式：

作品转粉率 = 粉丝数 / 作品数量

总播放转粉率 = 总播放量 / 总粉丝数

在各平台每个 UP 主账号里，我们都能看到其视频作品数量和粉丝数。作品转粉率代表平均单个作品的吸粉强度，这个指标可以用来衡量 UP 主产出视频的优质度，比如巫师财经和我是 Morty 的视频，他们的每一个视频都能增加几十万粉丝。我们从总播放转粉率中可以看出多少播放量会转化一个粉丝。这个数据可以直接通过懂站（www.blbldata.com）查询，如图 6–1 所示。比如，梨核财经的总播放量约为 600 万，粉丝数约为 28 万，就能得出其视频 20 个播放量就能获得 1 个粉丝，转化率非常高。此时再计算自己的作品转粉率和总播放转粉率，就可以与同领域的 UP 主有一个明显的区分了。

图 6-1 懂站查询数据

最后也是最重要的数据对比，就是自己的作品间的对比。比如，你发现 A 视频的播放量有 50 万，B 视频的播放量有 5 万，其他指标先不考虑，我们直接可以认为 A 视频是更合适的，虽然它的点赞率、转粉率没有 B 视频高，因为只有在同时期同量级的情况下的对比才更有意义。

早些年，如果产出了一个很优质的视频，是会带来很高效的转粉率的，但是在今天所有作品的转粉率普遍都很低，也就是相比前期变得更"卷"了。2019 年有 15% 的播放转粉率的视频，不见得就一定比今天 10% 的播放转粉率的视频好，因为宏观环境发生了变化。

在做各项数据对比的时候，最主要的目的是看到各个作品之间的不同点，并且找出差异的原因，也就是新视频相比以往视频好在哪里，坏在哪里，从而对以后的决策形成帮助。比如，我发现思维类的视频在 B 站就是比宏观经济的好，那我想要在 B 站涨粉，就要多产出思维系列的内容；如果楼市视频转粉效率比股市的高，那以后的话题就要侧重楼市多一点；如果讲国家故事比纯分析知识带来的播放高，就可以适当多穿插一些国家故事类。

这就是视频 UP 主的数据决策，视野要全局观、作品要数据化、数据要多维看、分析结果要可指导实操。

我的首次复盘案例

复盘不只要关注数据，还要关注整个视频制作过程中的每个流程细节。以我的第一次视频复盘为例，如表 6–3 所示。

表 6–3　　　　第一次 B 站视频复盘

复盘内容	改进措施
2020 年 1 月 22 日至 2 月 17 日，用时 26 天，其中，整理稿子用了 11 天，录音 2 天，视频制作 13 天	整理稿子加录音 7 天，视频制作 14 天

续前表

复盘内容	改进措施
选题大纲不明确	多沟通
选题不规范	建立一个选题表格，按照优劣程度排序，需要有一个热点内容排期表（看股市、看时间点纪念日、当下新闻、大活动）
视频剪辑过程混乱	制作一个纪录片清单，筛选素材网站的清单，听到好的背景音乐收集起来，整理出完整的视频剪辑制作流程
录音咽口水声音多，播音速度不规律	录音咽口水声音少一点，播音速度正常下来，每一部分留气口，以便留出剪辑画面
平台活动	发的时候带上 #科学科普# #行业知识# #知识分享官#
活动策划	分栏目策划，进一步优化简介，明确定位
第一期视频统计：2700 个观看，200 个点赞，收获 46 个粉丝，50 个评论，3 个转发	

第一次复盘时，我们并没有很规范的流程和经验，但也已经梳理出了一些基本框架，其中就包括运营、剪辑、写稿、活动、流程和数据等。你的第一次复盘就可以参考这个样本。

当下复盘就是为了在将来改进，所以在产出作品的过程中，要养成习惯，记录遇到的每一个问题，并在总结的时候记录进去，待下次工作时改进。

复盘就是这样，积跬步，终可至千里。

第 7 章

商业变现：保持情怀，学会变现

第 7 章 商业变现：保持情怀，学会变现

UP 主是一个职业，用爱发电可以在前期产出好的内容，但是没有商业变现的持续支持，也很难让你走得更远。商业变现是我们每个人都要去思考的问题。

不必一开始就有清晰的变现路径

有很多人都认为，要在第一天就规划好自己的变现路径，因为这样会更有益于自己去走后续的路。但是以我的经验来看，对于 UP 主这件事，如果一开始就抱着纯赚钱的目的，反倒做不下去；没有兴趣和爱好的支撑，加上在很长时间里没有收入来源，会让很多人打退堂鼓。如果一开始你就是在用爱发电，我认为反倒可以让后面的路更好走。

另一个极端是，也有人完全用爱发电，其他的都不考虑，这样

也过于激进，毕竟多了解一些信息，总归是好事。

在科技区、知识区、美妆区等区域的 UP 主在运营账号早期就能接到商单，并且能报出一个还不错的价格。如果在某些垂直领域有 2 万以上的粉丝，基本上就可以给自己带来比较稳定的收入了。

在变现这条路上，呈现的现象是"体量大走四方，体量小进垂直"。很多人都说电影解说和颜值领域很难变现，这只是相对的。当体量足够大的时候，影响力就出来了，那么商业价值也就自然跟上来了。比如，张同学和毒舌电影的体量足够庞大，影响力和曝光量级都是整个行业里面的头部，所以很多商业合作都愿意与其接洽。

对于一些小 UP 主来说，粉丝量只有 1 万～5 万，那么他想接到很多商单是比较难的，尤其是在抖音这种平台（在 B 站会相对容易），所以切入垂直领域，精准吸粉，用高转化走强变现的路径也是可以的。

那么，我们要不要在第一天就规划好变现路径？答案就是不要

第 7 章　商业变现：保持情怀，学会变现

强求，也不要完全不想。如果自己切入的是垂直领域，就提前考察下同领域的人的变现情况，并且在后续的内容创作中着重关注转粉率；如果自己属于剧情类、颜值类等非垂直领域，就在一开始奔着大体量前进吧，这时候想办法产出超级爆款视频，能上热门更重要。

变现方式一：流量变现

　　流量变现是众多内容创作者首次获得收入的一种方式。在 B 站、YouTube、企鹅号、西瓜视频、抖音（中视频计划）、网易号等都可以获得收入，同等播放量的情况下，B 站是获得收入最少的平台，企鹅号和抖音次之，西瓜视频相对会更多一些，YouTube 作为海外平台，流量收入的单价更高。

　　如果一个月能产出 4 条视频，每条视频 10 分钟，且每条在西瓜视频的播放量都能达到 10 万，就能获得大约 4000 元的收入。如果在 YouTube、抖音也有不错的播放量，收入就会加倍。在前期，

要尽可能在高效的基础上打磨优质作品，这会带来更好的结果。想要提升收入，只有勤奋和多平台分发。如果你的视频类型很适合 YouTube，我建议你把 YouTube 当成重点平台去运营。

流量变现的好处是直接简单，坏处就是量级小。几千块的流量收入，对于很多在一二线城市生活的人来说如同杯水车薪。真正有价值的是其他收入，如商业广告，这也是其他 UP 主收入来源的重点。

变现方式二：商业广告

商业广告是大多数 UP 主变现最简单也是最快的方式。

因为每个平台不同领域的粉丝价值不同，所以甲方给的报价也不尽相同。但是整体有个原则，"小号不低报，大号不高报"。以 B 站为例，在前期，1 万粉丝 UP 主的视频可能和 5 万粉丝 UP 主的视频带来的影响力曝光量几乎是等同的，但很多 1 万粉丝的小 UP 主不太敢报价。

第 7 章 商业变现：保持情怀，学会变现

我的第一次变现是在还没有达到 10 万粉丝的时候，报价和粉丝数相同，这个性价比是非常高的。像一些头部 UP 主，粉丝和商单价格的普遍比值在 4～8 之间（100 万粉丝报价 15 万～25 万元），当然也有例外，主要还是看 UP 主的影响力。全区来看，知识区、科技区、汽车区等都是含金量比较高的领域，而美食区、颜值区等因为粉丝黏性相对弱，领域不够垂直，价格就会大打折扣。

B 站的花火商单，抖音、西瓜视频的星图平台，都是给创作者提供甲乙双方接单的地方。通常，花火商单给出的指导价都会偏低。如果是垂直领域的账号，可以多报价，多咨询自己的同行。星图平台为了避免价格竞争，给出了价格保护机制，可直接按照指导价报价。

一般来说，商单的主要来源都是各平台给你发的私信，所以大家要养成回复私信的好习惯。因为 MCN 起盘的门槛没那么高，所以也有很多媒介过来问价格，"只问不买"的也占很大的比例。这时候建议大家先问清楚他们的需求，甲方是哪家公司？具体的需求明细是什么？投放时间是什么时候？主要投放平台是哪些？是否能

看一下具体的任务提示？当你把这些问题都问完时，你就差不多知道媒介或者甲方是否有诚意了。

商业广告资源是一个需要长期积累的事情，在前期你即便没有也没关系。当你的作品出现爆款时，很多人会自主找过来。做一个UP主就是一个不断盖高楼的过程，过去积累的作品、知识、能力、资源都会随着时间逐步积累。

任何事情都有第一次，所以不论我怎么说，新人在第一次接商单的时候都会表现得比较青涩。我的建议是早点去做第一次，不论甲方和媒介报价多少，先接一单试试，把整个流程走一遍，你心里就会踏实很多，之后也就更能游刃有余地应对了。

在谈商单的时候，很多媒介会要求返点，这是一项不成文的规定，不过给不给还是要看UP主。如果单从利益角度来看，如果你的广告主数量很少，而且主要依靠几个人的资源，给返点对你来说就很有必要。如果你的广告主有很多，就可以选择拒绝给返点。

一份UP主商单的刊例，包括几项重要信息：账号名称、平台、

第 7 章　商业变现：保持情怀，学会变现

粉丝量级、合作形式、商单价格和注意事项等。

在媒介或者甲方来要刊例的时候，他们通常只是从单个平台过来的，所以如果觉得这个甲方聊得还不错，就可以向他们推荐更多的平台。这样甲方的投资回报率会更高，UP 主自身也能多赚一些。在很多平台，刊例的内容形式不只是视频，还有图文、动态、问答。视频、图文和动态又分为定制和直发，定制就是甲方给需求，UP 主根据需求撰写和制作对应的内容，直发是甲方有现成的内容，只是希望 UP 主可以在账号上发布出来。所以，在报价的时候，UP 主要针对每一项都给出对应的价格，这就是刊例（模板如表 7–1 所示）。

表 7–1　　　　　　　　　　刊例模板

账号	平台	粉丝量	合作形式	具体标准	报价
老丁是个生意人	头条/西瓜视频		/	定制视频	
			/	图文专栏（撰稿）	
			/	动态直发/转发	
	抖音		软广	60s ~ 180s 视频制作 + 发布	
			带货	60s ~ 180s 视频制作 + 发布	

表格上方标题："老丁是个生意人"报价（4 月）

一个知识区 UP 主如果只经营抖音，100 万粉丝，按照平均报价 2.5 万元计算，每个月大约 7～10 条视频，其中可以穿插 2～3 条广告，每月收入就是 7 万元左右，星图平台年收入就是 84 万元。如果再算上其他收入和平台的广告，基本可以做到年入百万。但是领域与领域间仍然存在巨大的鸿沟，如影视区的 UP 主，其粉丝即使有了百万，变现也是非常困难的；而美妆区、科技区的 UP 主，即使只有几十万粉丝，由于领域垂直且能够更好地与品牌商结合，这个阶段其年商单也能达到百万。

综上所述，希望大家能看到这个行业更多元的现状，持续积累商业资源、尝试拓展多元的变现路径，是每一位 UP 主在整个职业生涯中都需要坚持做的一件事。

变现方式三：签约

签约存在一个稳定与风险的取舍问题。2020 年网络曾经传出风波，巫师财经 1000 万元签约了字节跳动，其实获得字节跳动投资的人不只有巫师财经，还有温义飞。而这件事给所有人造成了一次冲击，原来一个几百万粉丝 UP 主的账号值这么多钱？这波风潮还催生了知识区的大航海时代，很多人转型做了知识区 UP 主。

但是，在我们了解了整件事情之后，才有了新的感悟。那就是只有在那一天、那一个时间节点下，这件事情才能有那样轰动的效果。如果今天字节跳动再投资某个 UP 主，已经很难再形成爆炸性新闻了，所以巫师财经的路是不可复制的。

与平台签约在很多直播类 UP 主中最常见，比如冯提莫签约 B 站。视频 UP 主里也有很多都选择了签约，比如，我就签约了字节跳动，所以大家现在也能看到我在 B 站等平台的账号出现了很长一段时间的断更。

签约存在取舍问题，签约后能够有稳定的现金流供给，在经营的时候你就有了保障；但是签约单平台，也就意味着要损失一些其他的可能性。我们基本上都是站在今天的这个时间节点去看待未来的。

今后很多人可能都会遇到这种问题。在这里我想说的是，如果你想要签约，一定要想清楚几件事：签约的细则是什么？是只签约视频还是整个 IP？签约之后你能得到什么？你损失了什么？签约的报酬是以怎样的方式给你的？确定性的报酬和不确定性的报酬分别是怎样的？签约的年限是多久？什么情况下会构成违约？如何赔偿？违约条款是否双方对等？

所有这些问题，其他人无法替你决策，你只有努力看清楚环境后才能做决定。

变现方式四：电商与知识付费

电商类的变现方式是每个平台流水额贡献最多的方式。我们在刷抖音的时候会看到很多 UP 主推荐牙刷、毛巾或者课程知识，在刷 B 站的时候也能看到有人在卖小零食或者科技产品。

电商类的变现方式更适用于科技类、美妆类、美食类、服装类、书籍类等产品，因为这类视频中本身就存在着对应的产品，有

第 7 章 商业变现：保持情怀，学会变现

着天然的优势。对于电商类变现，有稳定的供应链极其关键，要么有非常稳定的甲方，要么自己做供应链。但是自己做供应链是很辛苦的，并且非常复杂，不在本书的讨论范畴内。

电商产品存在严重的两极分化，也就是做得好的非常赚钱，比如李佳琦、李子柒这种带货主播，他们可以很好地利用电商变现。我也想过走这条路，但是对于知识区的我来说，做实体产品的链条太长。因此，我们在 2021 年的时候研发了相关的课程，现在你读的这本书，就是我们当时的课程内容中的一部分。当时首批学员有 10 个人，因为在课程中很多环节需要手把手教学，而我们的精力又有限，就意味着这件事我们很难做大，所以首批学员学完之后，我们就没有再继续招收学员。

学习和获取信息是一件需要用户主动去做的事，"师父领进门，修行在个人"，所以为了能够更好且低成本地传播信息，书籍也是一种特别好的方式。于是，这本书也就应运而生了。

由于我的粉丝当中很多都是高知用户，除了对知识有渴求，对于动态信息也有很大的需求，因此我顺势组建了一个"前沿行业数

据报告"的知识星球。大多数知识分子每年都会对数据报告有需求，或是了解行业信息，或者了解政策变化，这也是我在探索电商这条路径上获得的经验之一。

虚拟知识类产品的销售也可称为知识付费，有的 UP 主会和我一样组建一个知识星球，为用户提供有价值的信息。也有人和我一样会写书，或者组建付费社群，定期在群内分享知识，这些都是知识区 UP 主最常见的变现方式。

除了以上介绍的一些变现方式，用户打赏充电、平台活动奖励、用户付费咨询等都可以带来收入。不过从全平台来看，这些占比都相对较小，在此就不再过多提及。

第 8 章

个人、MCN 与平台的产业链关系

当 2020 年视频内容创作的风刮起来的时候,很多人就顺势做起视频来了。到今天这股风已经刮了两年了,我们再来看看各平台的数据,如今这股风依然在吹,但知识环境已经有所变化了。

视频创作者也将进入匠人时代

视频创作发展到今天,已经出现了部分领域内卷的现象。比如美食区,由于其门槛低,很多人都想在这个领域跃跃欲试,最后,能成功的一些美食博主或者进入时间早,或者各有特色,绵阳料理、假美食 po 主、盗月社、柴犬老丸子等 UP 主的视频质量和节奏已经可以算美食区内卷的代表了。但不管在哪个时间点,都还是会有新人冒出来,如张同学、morty、李大饼等都是在已经看似饱和的环境中脱颖而出的创作者。

你在找机会的时候，发现一眼望去好像几乎没有完全的蓝海了，每个领域都有人在做。如果只是因为这个原因，你就选择什么都不干，那就是你观察得还不够细致。

当你处在市场竞争中时，首先要判断市场的环境，因为每个产品在不同领域的竞争情况是不一样的。每个行业的市场竞争一般都会经历三个阶段：野蛮时期、细分时期、品质时期。

十年前，如淘宝这样的平台就处在市场的野蛮时期。野蛮时期，市场处于圈地时代，需求大于供给，不论你卖什么都会有人买，只要产品质量和价格相当就能赚钱。但是市场很快就会进入细分时期，前几年想要在淘宝再赚到钱，就要做细分市场，因为这时候大多数需求已经被满足了，只有一些细分需求还没有被满足。这样的态势也持续了几年。

到了今天，市场其实依旧处在细分时期，但是很多行业已经饱和了。饱和的特征就是竞争对手已经把产品品质做到了极高的程度，价格还十分合适。

第 8 章　个人、MCN 与平台的产业链关系

最后就是品质时期,也就是产品开始出现多个优质品牌的时候,新人就更难进入了。

在视频领域,同样也存在这个规律。起初每个领域的 UP 主不多,好内容供不应求,只要你做出来的内容有点意思,就会有很多人来关注。2020 年和 2021 年冒出大量的内容创作者填补了市场空白。到 2021 年底,我们已经能看到很多领域都出现了一些头部作者,如财经领域的所长林超、温义飞、巫师财经、周媛、林妹妹、直男财经等。这些创作者的内容方向和形式差不多,所以我从 2021 年年中前后,决定切入更深度的财经视频内容。这条路是否正确、能走多远,现在还处在市场的验证时期。不过从目前来看,切入细分领域是正确的选择。

因此,我们今天再看一些领域的时候,就看这个行业是否有大玩家。如果有大玩家,我们就打差异化,做他们没做好的事。但是如果大玩家有很多个,中玩家也很牛,那这个领域就不值得孵化了。

视频创作这个领域会需要越来越专业的内容、画面和创作技

巧，发展的时间可能是五年，也可能是七年。如果你现在还想做个人创作者，尽量一开始就做优质的内容，只有足够优质的内容才会有持久的势能，也才能在将来大放异彩。只有品质好、品牌响的产品才能从其他行业中脱颖而出。

匠人时代是我认为对未来商业竞争环境最客观的定义。

火眼金睛，看清形形色色的 MCN

MCN 模式源于国外成熟的网红经济运作，国内现有的 MCN 机构更多的是将创作者联合起来，将内容影响力、商业价值统一打包销售给广告主，从而实现两端的联结。国内的很多 MCN 更多的是扮演媒体广告中介的角色，极个别 MCN 还会为创作者提供内容输出、供应链供给、IP 运作等全链条事务。

国内的 MCN 机构主要是近两三年才发展起来的。根据艾媒咨询公司的数据统计，2017 年全国 MCN 机构数量只有 1700 家，2018 年为 5800 家，2019 年为 14 500 家，2020 年达到 28 000 家。

第 8 章 个人、MCN 与平台的产业链关系

签约 MCN 的价值有哪些？现有市面上常见的 MCN 合作方式主要有以下几种。

为 UP 主提供脚本撰写、视频剪辑等内容制作。 由于这种方式会增加成本，所以 MCN 通常在早期才会选择以这种方式跟 UP 主合作，以求与 UP 主的资源绑定，或者是为了争取跟大 UP 主合作才会开出这种条件。

提供账号视频发布、评论回复、推广吸粉等基础运营工作。 由于这些服务可大可小，通常都很难在合同中量化，也是很多 MCN 机构在跟 UP 主签约时最爱提及的条件，所以如果不是非必要，不建议大家仅因为这点就跟 MCN 机构合作。如果一定要合作，可以在合同中做到分级量化，比如，粉丝在 1 万以下，MCN 机构不参与任何分成；粉丝到了 5 万，商单分成方式为 ××；粉丝到了 20 万，商单分成方式为 ××。这些规定会增加 MCN 的动力。

提供商务合作服务。 这一点是现在大多数 MCN 机构最实用的价值，只为 UP 主提供商单，完成合作后，选择一

部分抽成，通常比例在 30% 上下是比较合理的，如果达到 40%～50% 就有点超标了。商单能力是大多数 MCN 机构最核心的价值点，商单抽成也是他们盈利的主要来源。如果自己的议价能力足够强，那与有些 MCN 机构可以先维持弱合作关系，也就是成一单给一次钱，没有必要先签订合同。这样既能防止纠纷，还能在弱合作的关系当中了解 MCN 的商务能力。记住，在商业合作当中，大多数东西都是可以谈的。如果没得谈，要么是对方垄断了资源，话语权太强，要么是跟你谈话的人级别太低，没有决定权，要么就是对方的自我认知出了问题。

提供供应链管理服务。对于很多美妆类、带货类的 UP 主，所需要匹配的更多是提供供应链管理的 MCN 机构。在选择的时候尽量选择行业中规模和名声比较响亮的公司，有很强资源和能力的公司，更会保持开放，也更愿意给 UP 主提供更多空间。首次签约年限尽量缩短，因为不够了解 MCN 的能力，万一踩了坑会很麻烦。能不签独家就不签独家，因为签独家会让自己丧失很多可能性。

提供 IP 后市场运作。MCN 机构通常会和一些有影响力的

第 8 章 个人、MCN 与平台的产业链关系

大 IP 共同运作一个品牌,并在后端提供全链条的运作服务。但要注意的是,独立运作的公司一定要在公司注册的那一刻就持有对应的股份,申请新商标的时候也用新公司的主体申请,这样就会大大减少后续出现矛盾纠纷的可能性。

有些 MCN 机构在运作时会玩一些套路,大概有以下几种。

第一种是签约的时候基本上是口头承诺,合同中体现的较少,签约后并不提供具体的服务。他们以人海战术签约大量 UP 主,如果有人成了大 UP 主,MCN 机构就有分成。这种行为的本质就是谁都签,但是对谁都不负责,当有 UP 主做大了,自己就可以受益。

第二种是 IP 卖身。如果合同中体现了 IP 归属权和使用权等归 MCN 所有,这样的合同就是"流氓合同"。如果 MCN 的能力足够强,是不需要搞这种垄断的;如果搞垄断,那就会存在对方想要不劳而获的可能。

MCN 行业变现压力大,各平台的红利也都在逐渐弱化,红利早晚有一天会消失;而且由于 MCN 机构的毛利率通常是固定的,

随着同行的增多，竞争压力变大，这也让很多 MCN 运作起来变得很困难。单个小 UP 主在签约 MCN 机构的时候，要多调查，不然某天 MCN 倒闭了自己都不知道。

一些重内容生产的 MCN 变现周期太长，路径寻找也缓慢。对于经纪人角色的 MCN 机构，变现速度虽然快一些，但毛利率又不够高；做电商供应链的 MCN，模式太重，需要的资本也相对较大；运作 IP 授权类的 MCN，前期投入太高，未来的确定性却非常低；主攻运营营销方面的 MCN，太过注重广告变现，对于资源的整合能力有很高的要求，如果广告主合作不够稳定，随时可能出现经营风险；其他知识付费、社群付费方面的 MCN，现阶段的量级都太小，难成气候。

现在我们在市面上看到的最常见的两种 MCN 机构，一种是自主孵化达人，对达人 IP 拥有绝对的控制权，一种是签约现有知名达人，以提供商单服务为主拓展业务。IP 和商务是整个产业链中价值最大的两个环节，而得制高点者得天下。制高点的获得要么需要很强的能力，要么需要大量资本的投入。如果二者都没有，在现有的环境下，想在这个领域里跑出名堂，几乎是不可能的。

面对众多平台，先抱一条大腿

B站、西瓜视频（今日头条）、抖音、快手、小红书、视频号、知乎、微博、YouTube可以说是现有生态环境中最好的平台。

每家平台的属性并不相同，就像我们在第4章中介绍的每个平台起号逻辑并不一样。平台就像一艘艘大船，它们都行驶在大海上，每艘船去往的方向都不同。我们作为船员，没签约之前可以上任何一艘船；签约后，就等于与船共存亡，如果大船触礁，那我们的IP也就运作失败了。比较典型的例子是早年的美拍平台，当时平台的流量一度如日中天，成为短视频赛道里的新秀，很多达人也都在美拍平台上起家。后来随着商业竞争的加剧，美拍平台流量逐年下滑，很多以美拍平台为大本营的博主也落寞了。

我们选择平台其实就是选择上哪艘船。理论上每个UP主都可以脚踏多条船，但其实每个UP主都有属于自己的主阵地，如梅尼耶、维维啊的主阵地就在抖音，敬汉卿、半佛仙人、所长林超的主阵地在 B 站，卢克文、大刘说说的主阵地在今日头条。

虽然他们也都会全平台发布作品，但在各平台的影响力还是有区别的。从整体平台发布的策略来看，起初我们可以先锚定一两个平台，如果其他平台优先出现了数据向好的情况，那我们可以临时转移阵地。比如，我的视频在最初发布的时候，是瞄准 B 站的，没想到后来在西瓜视频和抖音出现了更大的爆款。鉴于 B 站数据长时间不温不火，我就把西瓜视频同样加入到了主平台中，还专门针对平台属性推出了相关话题的内容。

对于头部来说，用铁打的 UP 主去应对流水的平台是最好的方式。但是对于大多数中小 UP 主来说，先抱住一条还不错的大腿，成为其平台上的主力，之后再全面开花，也未尝不可。

总之，IP 和内容才是作品常青的核心。不论是平台的流量推荐，还是运营规则，获得的其他资源都是锦上添花，不可盲目追随。

第 9 章

UP 主成长路上的其他难关

第 9 章　UP 主成长路上的其他难关

做 UP 主真的有那么自由、轻松吗？其实不是，做 UP 主需要持续产出优质内容，而且时刻都会面临内容更新的问题。大多数 UP 主的第一个重大问题，就是如何才能持续地产出优质内容。

持续输入，才能持续输出

想要持续地输出信息，就一定要有持续的信息输入。对于知识区的内容，亘古不变的东西有三个：历史、原理和现象。比如，我们讲美元的历史，讲美联储诞生的历史，讲 20 世纪 90 年代日本泡沫破裂的历史，内容都是大同小异的。我们去讲解水是如何蒸发的，其中的物理原理和现象也都是固定的。

持续变化的东西也有三个：政策、数据和新闻。政策就是规则，不只局限在国家政策，平台也有政策，公司也有政策，这些是变化的。过去房地产不限购会造成什么结果，限购之后会是什么结果，就值得讲一讲。每个行业的每个领域的数据都在变化，我们的年龄、经验值、销售出去的汽车量都是随着时间逐渐变化的。新闻，其实就是社会上、企业里，以及国家每天发生的各种事，这些都是信息。

为了保证能够持续地输出优质内容，我会不断地进行信息输入，有一些是我的经验，还有的是我每天看新闻、做研究、读书带来的感悟和总结。我只是恰好把这些东西写成了文章，恰好这些又被做成了视频，这些也都已呈现在了大家的眼前。

2020年和2021年两年时间，我合计输出了大约150篇内容，每篇都在3000字左右，内容涉及行业分析、企业研究、现象原理剖析、经验总结、历史研究、政策研究、宏观经济分析等多个方面。

能做到这些并不是我多有毅力，只是单纯地出于热爱，所以我想说，你的内容输出是否能够持续，跟你的兴趣爱好也会高度相关。如果不用输出文章、输出视频，我每天也一样会读书，会看新闻，会做行业企业研究，定期看经济数据。

这里我想说的是，很多人还是会走进误区，如看到做科技博主很赚钱，就想要去研究手机电脑；看到汽车博主很赚钱，就想要去做一个汽车营销的账号。其实如果你本身对这些东西没有兴趣，再加上前期精力投入很大，你的信心和耐心是很难支撑住的，你的项目大概率就会夭折。

全职还是兼职，取决于能力和现金流

一开始就全职从事 UP 主这个行业，到底是破釜沉舟的决心，还是孤注一掷的鲁莽，我们很难评说。不过按照我的经验来看，如果你真的是一个有实力的人，利用业余时间，两个星期也能搞出来一个视频；如果以这样一个月更新两个视频的频率，基本上在第六个视频的时候，你就会获得不错的结果，如增加几千个粉丝，或者出现一个 10 万播放量的小爆款，或者拿到第一笔"业余工资"。

当你有了这样的结果时，也就证明了你的内容是被市场认可的，这时候从兼职转变成全职，路会走得更稳，人也会更有信心。对于很多大学生来说，虽然有很多年轻人也做成功了，但其实他们在这条路上的成功是多种因素加成的结果。

任何一个职业都有专业和业余之分，专业人员需要有良好的职业素养、过硬的知识技能、独到的眼光见解，但是涉世未深的大学生和刚工作一两年的小白领的积累是远远不够的。当市场环境发生变化的时候，我们如何判断是自己的内容出了问题，还是平台规则做了修改，抑或是整个行业的宏观环境出现了萎缩，这些判断都需要信息的支撑。由于新人很难接收到这些信息，因此在决策的时候就会出现偏差，会抱怨平台，或者认为自己的内容不够好，从而出现断更或严重拖更的现象，最终影响账号的权重。

全职和兼职的分界点，其实就是自己的现金流是否为正。如果稳定收入与刚性支出相等，就意味着 UP 主可做的选择就会更多一些，可走的路也会更多元化一点。

第 9 章　UP 主成长路上的其他难关

真正热爱，切忌急功近利

每个账号都有这种情况出现，如内容产出枯竭，知识储备消耗殆尽，这时候就需要补充新的方向。

我们看其他 UP 主都走了哪条路。以财经区为例，冲浪普拉斯、巫师财经走向了持续讲企业和人物故事这条路，半佛仙人走向了时事热点评论这条路，所长林超和我走向了政策行业分析这条路。我还多一条路，就是投资。因为我有投资的热情，恰好它也是一条不断变化的信息，所以正好成了我产出内容的一部分。

当然，我们也会看到很多 UP 主在面临转型的时候，出现了严重的断更、拖更，甚至将账号冷落了。在做方向调整的时候，我的建议是热爱大于商业，热爱可以让内容持续下去。商业视角的内容看似价值大、变现快，但是断更的风险也极大。

这些都是大家在成为一名 UP 主之后会遇到的问题。这些问题看似不大，但是却会严重消磨你的信心，最终造成项目失败。

内容品质、更新速度要因时而异

做优质内容还是持续快速更新？我曾经也面临过这样的选择。假如我要做一次研究，出一期很优质的内容，需要查找和消化很多资料，可能两周时间里什么都不能做。只做这一件事就足以填满整个工作时间，最终带来的播放和转粉率却不一定很高。但是如果我出一期快餐类的企业故事类的内容，只需一天即可，因为信息简单，理解容易，有时候反倒会带来更好的数据。我曾经多次遇到这样的抉择。

有一段时间，我不断地产出快餐类的内容，仅一个月的时间，我发现我好像变成了一个工具人，失去了价值信息的输入。这件事让我感觉很辛苦，好像就是在完成任务而已。虽然视频带来的数据还不错，但我明显发现粉丝的活跃度降低了很多。如果内容就像挂着高档餐厅牌子的快餐店，用户第一次觉得新鲜，但三番五次得到的食物都是快餐的时候，很多人就会离开。

后来我回归到自己的兴趣上，开始专注于做优质内容，做深度

第9章 UP主成长路上的其他难关

解读。这样内容的持续时间会很长,将来用户回头翻看内容时也依旧会认可;同时我也更有动力去研究,反倒成了督促我尽快学习的一个理由,于是正反馈也就形成了。

做优质内容还是持续快速更新?如果从商业的视角去看,就要匹配市场环境。前两年市场还处于高速发展期,大家都在圈地,那时候即使内容不够优质,但是只要过得去,就能够获得很好的结果,所以在那个阶段持续快速更新更重要。

现如今,很多领域的UP主都出现了头部固定、腰部不断更替的情况,这时候的市场进入竞争时期,只有优质的内容才会获得更好的反馈。在这个阶段,优质内容更重要。

做优质内容还是持续快速更新?像我这种长时间更新的UP主,会主动选择优质内容。但是对于一名新人UP主,可能你的作品还没有被市场验证过,你自己觉得优秀的内容,市场并不一定认同。如果在这个阶段盲目走"优质内容"路线,很可能既浪费了时间精力,又打击了信心。在你还是新人时,先做持续快速更新的内容,将作品抛给市场,看看市场的反馈。如果反馈不好,及时做出调整，直到找到一个既适合你又适合市场的风格和内容时，再渐渐往优质路线走。

在运营过程中，有很多事都要做取舍、做排序。每一个选择都是对的，都有好与坏的结果呈现；但是在不同时期，针对自己的情况做出不同的选择，或许才更合适。

因为这是运营。

第 10 章

从平台的过去判断未来

"时间的规律就是周期",这是我的口头禅。如果我们想要更好地理解未来,就要更深刻地去理解过去,才能弄清楚视频媒体行业的未来究竟会走向哪里。

视频平台的宏观环境变化

2019年是我开始看到中视频领域出现爆发性增长的一年。2019年末,B站宣布2020年将拿出一大笔钱孵化创作者,而这笔钱居然是B站当时市值的10%。我当时就想,这不就是趋势吗?所以在2020年初,我开始尝试着去做一名UP主。

需求端的变化要从这一年的除夕开始,疫情带来的恐慌感,让大多数中国家庭都选择了足不出户。现在回头来看,这段时间也成了经济转换的一个重要节点,疫情压制了线下经济,却让线上流量出现暴涨。根据国家新闻出版广电总局的一组数据，2020年1月25日至2月9日，全国有线电视和网络电视日均收看用户数同比上涨23.5%，收视总时长上涨41.7%，每家每户每天平均看电视时长近7小时。当然，这种流量暴增的现象也同样出现在了各大视频平台。

往年，从除夕至初七为各类线上视频平台和电视的收视高峰。2020年因为疫情，线上流量的高峰时间延长了。

供给端的变化也发生在这段时间，由于疫情，很多人居家办公，做线下生意的人被迫在家里"闭关"。于是很多有技能又闲来无事的人就做起了视频，所以这段时间里，大量的新人UP主如雨后春笋般开始在各视频平台涌现。

供给端和需求端同时出现暴增，催生了商业机会点。这种机会点的出现完全是个意外，谁也估量不到这些变化，所以这一批UP主都是幸运的。

2020年视频领域的高潮事件是这年年中的巫师财经签约事件，当时这个消息对于大多数从业者来说都是很震撼的。从这件事之后，我们能看到更多的新人 UP 主进入了知识区。知识区也从过去的一个中小分区，变成了如今 B 站的三大分区之一。

2020 年四季度，中视频平台之间的竞争进入白热化。字节跳动拿出一大笔钱签约知识区的各大 UP 主；B 站也在 11 月左右选择跟进，直接投资头部 UP 主，与腰部 UP 主签约独家。中视频被提到了一个很重要的战略位置上。在这年的西瓜 PLAY 大会上，字节跳动也做了调整，宣布将西瓜视频和抖音业务合并，由一个 CEO 领导。

财经区是整个 2020 年最火的知识区，因为这一年全球发生的重大事件实在太多了，美股熔断、美联储降息至 0、巴菲特亏损、全球股市开启牛市、中概股板块诞生多支一年十倍股……环境会影响人，谁都不例外，资本市场的暴涨，让财经区受到了更多的关注，很多与商业相关的账号都火了起来。

2021 年一季度，"被头部绑架"的现象出现在各行各业。在视频和直播领域，为了避免头部 UP 主影响力过大，从而给平台带来风险，有的平台策略出现了一点微妙的变化。平台开始把更多流量推给新人，所以在 2021 年二、三、四季度，各大平台都涌现出了大量的新人，很多腰部和头部 UP 主的流量开始出现下滑。

或许是因为新人已经接近饱和，到了 2021 年底，各大头部 UP 主的流量又再次恢复。我们从这个时间点往后看，就能预见平台策略经过这样一次转变，未来肯定会加强识别什么才是优质内容，谁才是符合平台属性的优质博主，也更能从老博主和新博主之间做好利弊权衡。

我们之前说的"未来会是匠人的时代"，在今后将会体现得越来越明显。

UP 主未来的机会点

做一名 UP 主，未来的机会在哪里？总结来说就是："将短视频做长，将中长视频做精，做大 UP 主没做好的事，做小 UP 主不会做的事。"

第 10 章　从平台的过去判断未来

将短视频做长。 这一点是从用户需求的角度出发的。不论是帅哥靓女的舞蹈视频，还是音乐博主的唱歌视频，抑或是一场美食制作 + 吃播，要想让用户体验爽，都需要最少 5 分钟的时长，有的甚至需要 30 分钟。

各大平台也看到了这样的变化，所以抖音在 2021 年年中推出了中视频计划。各大平台也开始鼓励创作者产出中长视频的内容。

将中长视频做精。 这是增加用户黏性、增加视频转粉率最有效的方式。在今天这个环境下，每天平台都会出现大量的视频，再按照 2020 年那种"视频海量投稿"的数量战术，已经很难取胜了。所以，多花一些力气把一个话题做精，十天出一个优质视频，也比三天出一个水视频带来的效果更好。

做大 UP 主没做好的事。 每个 UP 主都有自己的风格和特色，所以擅长 A 的人，就不太可能擅长 B。做了 A 的人，也没有时间精力去做 B。做大 UP 主没做好的事就是去寻找市场的空白。我们可以去他们的视频评论区读评论，你就会发现有些用户会期待一些内容，但是这些头部并没有很好地满足。这就是我们作为新人时最好的切入机会。

做小 UP 主不会做的事。这是一种降维打击，准确来说就是做自己擅长的事，做自己专业内的内容。由于我们本身就是专业人员，所以演绎和呈现出来的作品就会比大多数人的作品优质。我们可以看到很多剧情类的账号，很多做得好的 UP 主都是演员、编剧出身，知识区优质的 UP 主本身也都是各自行业内的专业人士。

这四句话会在很长一段时间内成为新人 UP 主异军突起的方法论。创新点不一定只是文案，还有可能是视频画面、视频声音、解说风格、切入话题、专业程度、背景人设，等等。

比如视频画面，在 2021 年视频画面方面做得最出圈的博主，是一位叫柳夜熙的虚拟博主，也被称为中国第一个元宇宙博主。柳夜熙的第一个视频上线当天，就吸粉 300 万。

解说风格方面，阿 test 是一个很典型的财经区优秀案例。一开始阿 test 的解说是严肃且正经的，后来之所以能够在 B 站快速涨粉，是因为阿 test 把所有的文案做了创新。他让每一句话的结尾都押韵，也就出现了所谓的知识区的 rapper。

切入话题也是一个比较容易出彩的方向，李大饼就属于在话题方向做了出彩动作的 UP 主。过去知识区中大家讲解的都是一些原理和现象，如国家历史、时事解读、政策解读、宏观经济解读等，直到李大饼开始讲解中国各个日常物品的历史，也让整个知识区起了一波生活用品历史回顾潮。

创新是突破现有规则最好的方法，但是局限性也因此形成。一个 UP 主想要更长时间地生存下去，就要不断创新。让内容持续优质且与时代契合，才是这个行业里的生存之道。

在甲方客户面前，如何坚持做自己

这里讲的观点并不是视频中的观点，而是与甲方客户产生观点冲突时该如何处理。首先，在商单的沟通过程中，甲方客户会有自己的想法，对于已经在其他博主那里投放过的甲方来说，它们的经验非常有用；但是第一次做推广投放的甲方会有很多想法。这时候，它们与博主的想法产生冲突在所难免。比如一个汽车类广告，甲方希望你能多称赞它们的汽车技术，但是从你的经验来看，这个方向的题材是不受市场欢迎的。如果你完全听从了甲方的意见，视频效果不好，甲方可能就会认为是你的问题，可能也不会有后续的合作了。

其实，客户的利益点要的是结果，只要结果是好的，是否完全听从他们的想法并不重要，甲方对于我们的粉丝属性和市场情况并不了解。有一次我们跟一个甲方谈合作，合作过程中甲方担心稿件的内容太专业，太小众，但是根据我们的经验，这类深度剖析很容易出大爆款，而且会让用户的认同感更加深刻。因此，在沟通过程中，我们始终坚持自己的观点，因为我们想对结果负责。最后甲方表示尝试一次，后来的结果也证明了我们的坚持是有用的，视频的效果非常好。现在这个客户也成了我们长期合作的甲方。

但是同样的情况，坚持观点也会吓走客户。不过，经过一次又一次的洗礼之后，我们总结出来的经验就是，站在客户角度思考，相信自己的经验，给出最佳方案和结果才是最优解。

面对这种情况，最好的做法是保持坦诚沟通，跟客户说明现在市场的情况。根据你的经验把可能的选项，以及带来的风险和结果都摆在客户面前，把自己的利益与客户的利益绑定，为他们想要的结果负责。

这样的合作过程，也是一个互相筛选的过程，有人留有人走都是正常的。

UP 主如何才能一直火下去

每个行业和职业都有其生命周期，都有兴盛衰败，这是客观存在的规律。

这里，我想提及以下两点：

- 时代是在变化的，平台也是在变化的，观众的审美也是在变化的。

- 极少有人能够长红。

好的内容是时代的产物，可以反映时代。很多影片之所以被称为经典，正是因为它反映了那个时代人们的心境，解决了那时人们内心的需求。

人们观看艺术的方式，从戏台走入电影院，又从电影院走向家庭电视，从家庭电视走向电脑屏幕，又从电脑屏幕走进手机屏幕。我们能看到在这样一次次变化当中，有很多明星艺人就停滞了，或者带着某个角色的标签留在观众心里。但是也有人一直火到了现在，那是因为他们在每个年代都贡献了属于这个时代的作品，而且都是优质的。

我们可以从这样的规律当中去总结 UP 主如何才能长红，那就是持续产出契合这个时代的优质作品。

这不只针对 UP 主这个职业，而是针对我们每一个人、每一个职业，要想获得好结果，都需要深刻"理解时代"。

第 11 章

关于视频运营,
你还需要了解的内容

第 11 章　关于视频运营，你还需要了解的内容

读到这里，至少说明你是一个对商业感兴趣的人。其实我想说，做生意是有章可循的，赚钱也是有路可以复制的。当你看到有人把衣服从南方卖到北方赚到了钱，你也可以做；当你看到有人做电商赚了钱，你也可以学。市场是非常庞大的，会容纳很多人。

可是为什么还会有那么多人赚不到钱呢？因为信息不透明，他们获取不到很多有价值的信息，有时还会对与自己相左的观点抱有抵触态度，或者也不肯实践尝试一下，哪怕是读一本书，都要等到自己彻底有空的时候。因此，就出现了不是人人都能赚到钱的状况。

我这个人有个癖好，就是喜欢总结规律。很多事都是有规律的，如果没有，那一定是我还没找到。股市里面存在规律，因为人在面临赚钱的巨大快感时会兴奋，面临巨大的亏损时会恐惧，这是人性的表现。而人的兴奋和恐惧，又会支配资金的进出，所以在股市也就有了涨涨跌跌的规律。

UP 主只是一个职业，有人适合，有人不适合，所以如果你走这条路走得不顺，那不一定是你的问题，可能只是不适合。在商业世界里，生意有很多种，学会怎样去找到一门适合你的生意，对你来说会更重要一些。这也应该是这本书会给你带来的更大价值。

我希望你看到一个客观事实。经济在运转的过程中，产生的结果是，赚钱的人一定是少数。如果人人都能赚到钱，也就没什么富人了。所以，这个世界财富分配的核心逻辑就是所有人对有限资源的争夺。

方法有很多种，成功的路径也有很多条。我的方法不一定适合每一个人，但只要你能从中获得一定启发，那就足够了。

你必须懂得做生意的逻辑

赚钱应该是少数人的事。在任何时代、任何群体、任何阶层，都会存在信息效率偏差的现象。古时候，地理位置会存在天然差异，于是将盐贩卖到其他地方就可以赚钱；全球化时代，将中国的

第 11 章　关于视频运营，你还需要了解的内容

茶叶卖到国外，也可以赚钱；互联网时代信息太繁杂，于是今日头条用算法解决了一部分信息效率传递的问题，也能赚钱。在市场经济下，信息效率偏差就是生意会存在的核心理由。

我们能看到的是，信息效率偏差越大的地方，生意的利润就越高。比如，将城东的盐贩卖到城西，利润价差可能只有 1 块钱，但是如果将城东的盐贩卖到海外，利润可能就有 10 块钱。这就是因为信息的不透明度越高，效率传递就越低，门槛就越高，门槛一高，利润就高。

因此，如果你本身具备了勤奋、刻苦这些基础品质，那么获得信息就不如拥有一种眼光。因为当期的信息大多是假的，但是发现机会的眼光却会让你终生受用。识别哪些生意可做、哪些生意是好生意会更重要。

市场经济下，每个人之间都存在竞争，你赚了 10 元钱的同时，别人赚了 20 元，这其实是你亏了 10 元。因为当其他人赚 20 元的时候，物价必然涨上来，这时候你赚 10 元，你的购买力就会大大降低，亏的就是你。如果赚钱是一场游戏，那它一定是一场竞

213

速赛。

在这个基础上有一个规律，就是生意利润、进入门槛、从业人数三者之间不可能同时存在。生意利润很高的生意，可能就是因为知道的人很少，所以这些人能吃到信息偏差带来的红利。

20 世纪 90 年代，下海经商的倒爷把南方生产的各类小商品带到北方售卖，一开始是很赚钱的。因为信息不透明，太多的人不知道这样的路径是可以获得利润的，但是后来知道的人越来越多，而且倒爷生意其实没什么门槛，所以利润也就逐渐消失了。

国内倒爷之后又有了国际倒爷，2007 年左右，在中国边境做外贸出口生意时，很多商品的成本和利润都是几倍的差价，今天身在黑龙江绥芬河等边境地区的商人，如果处在那个年代下，即使是批发市场里的一个很小的商贩，也可以做到年利润几百万。

再后来的 2010 年左右，做百度的 SEO 推广也是很赚钱的。只要你有个小网站，做好基础的 SEO，每天就会有流量进来，有流量就可以挂广告，就可以有利润。在这个时间点，整个互联网的从业人数还没有那么多，所以很多人根本就不知道这些事，生意的利润

第11章 关于视频运营，你还需要了解的内容

也就非常高。

2013—2014年，在国内做电商，最基础的就是淘宝店，只要你稍微懂一点PS，能够做出还不错的主图和详情页，有个一般的货源，你就能卖出去货。如果你再多懂点运营，那生意肯定不会差。其实电商里细分市场的打法，在2010年前后的PC互联网时代，就已经被大面积普及了，但是到淘宝运营的商家们开始提及细分市场，已经是几年后的事情了。这种信息的时间递延也横跨了很多年。这就是信息偏差带来的机会。

时间再近一些，2016年左右，电商生意的大机会更多落到了跨境电商。它和过去传统生意的演变逻辑是一样的，都是先出现国内信息偏差，之后是国际信息偏差。比如对俄罗斯的贸易机会，2015年，速卖通在北京四惠开过一场俄罗斯商家的招商会，我有幸参与了一次，那时候招的商家是原本在传统跨境贸易领域一些小商家，他们原本就有一些跨境经验，因为做跨境贸易需要的门槛更高，相比于国内贸易，语言、物流、供应链、汇率等都会成为门槛，所以参与的人不是很多。因为信息偏差大，所以跨境电商在那

时候的利润更高。在欧美是这样，在东南亚和日本等地区也是，在后来的 2017 年，lazada、虾皮也出现过同样的红利。

除了这些生意，其实资本市场也出现过阶段性机会。2005 年到 2008 年的 A 股牛市，2013 年到 2015 年的创业板牛市，2017 年的蓝筹牛市，以及 2019 年之后的 A 股反弹行情，再加上 2020 年的全球资本市场牛市，这些都是机会，只是这种机会门槛更高，对于参与人的技能和素质要求更高。

总的来说，这些都是前几年发生的事情，也是前几年出现的机会。可是为什么这些机会你一个也没有抓住？因为年轻、经验少、不知道、难入门……理由很多，但是客观条件下，时代是不等人的，这个时代过了，红利走了，牛市结束了，就只能等下一个。

记住，利润、门槛、从业人数只能取其二。如果一个生意进入门槛不高，利润还很高，那一定是知道的人很少。知道的人多，利润还很高，那一定就是门槛很高，比如房地产、AI、智能硬件等。大家也知道这些行业里有着不错的利润，但是进入的门槛太高，没有资金，没有核心技术，是很难成气候的。

第 11 章 关于视频运营，你还需要了解的内容

理解了生意的逻辑，接下来我们谈如何发现机会。

如何在市场中找到机会

既然利润、门槛、从业人数无法同时存在，那么要如何找到赚钱的机会呢？

对于我们大多数人来说，门槛高的生意几乎不可能。我也曾经想做一些技术壁垒高的事情，但是在折腾一番之后，发现那条路太难走了，所以现在我更倾向于做那种可以早期进入、门槛不是很高，但是利润还不错的生意，说白了就是用眼光赚钱。而对于其他有门槛的事，你如果想要参与，能够学会利用好资本市场就足够了。

因此，我们这些普通人要想赚钱，抢占时间就成了最重要的一点。如果想更早进入一门生意，则更加考验眼光。我想说的第一点就是"有需求才有生意"。

记住这句话，有需求才有生意，而不是有供给才有生意。

"我这有××的货源，所以我想卖点××。"这是我们大多数人的思路。不是说这样不好，只是这样做天然容易踩到一些坑，比如进了货之后才发现销售困难，开始卖了一段时间后才发现利润微薄……如果你遇到的产品具备很强的市场竞争力，那就比较容易跑出来；但是如果产品属于常规产品，通常就是不温不火的。

理想状态是，我们应该先找需求！今天回头看，我很早就在做这样的事情了，但是当初我没有总结出来这样的理论。

上学的时候，因为教学楼距离学校超市很远，同学们下课去一次超市很不方便，也嫌麻烦，我就直接在班级开了个小超市。我的商品不需要有超市那么多品类，只需要有其中几样就可以了。商品虽然很少，但都是大家喜欢吃的，所以这个班级小卖铺的生意就还不错。

但是我后来也犯过错误。早些年，我做过某产品经销商，因为北方只有我有这个货，所以我认为自己有很强的优势，就选择做了这个生意，但是其实这个产品并没有什么优势，属于中规中矩的常规产品。最后的结果就是，第一批产品卖得还可以，但是很快第二批产品就卖不动了，因为市场对这个产品的需求是有限的。这就衍生出来很多其他动作，我尝试开拓更多渠道，如尝试线上销售、投放广告等。这些都是因为我没有在一开始就找到比较好的需求点，所以采用了广撒网的方法，耗费了成本。

所以，生意是什么？生意就是寻找需求价格，客户其实是在为他的需求付费，而不是为你的产品成本付费。

例如，同样是一杯水，在漫无边际的沙漠里，你可以将价格提高到1万块，也会有口渴的人买。如果放在家门口的超市里，卖10元都会影响销量。这就是因为环境不同，使得需求的刚性程度出现差异。我们再来看咨询公司，它们其实很少去接中小企业的生意，是因为没有需求吗？不是的，是因为同样给企业做咨询，给一个行业里的大企业做咨询，工作量不会增加多少，也就是对于咨询公司来说成本是差不多的。咨询信息给到企业后，小企业业绩从50万做到200万，那它最多也就付给你200万；但是大企业利润从1亿做到2亿，那它付给你的咨询费是2000万都是有可能的。

因此，同样的需求，成本也是固定的，但是服务价格却不一样，就是因为不同的客户的需求价格不同！

我们早年做 Saas 服务时，有许多公司因为自己开发这个软件的成本只消耗了 100 万元，所以对外销售的时候定价也不高。

后来，各家企业转变了策略，不管我们开发时用了多少钱，只要这东西能帮你带来 100 万元的利润，那定价就要 20 万～30 万元，如果你的利润能提升 500 万元，我就要 100 万元费用。即使定这样的价格，大批的客户也都是非常愿意付费的。

所以，我后来总结，做生意最关键的一步是选择客户，准确来说是"选择需求"。选择客户未被满足的需求，然后解决它。这个市场也不再是成本定价，而是需求定价，只要解决的需求足够刚性，且服务的不可复制性够强，那么它的定价就会足够高。所以，现有的社会不是没机会，只是暂时我们还没有发现那个能被我们解决的需求。

现在，我们身处的环境已经很便利了，但是我们仍会在生活中遇到各式各样令人不满意的地方。不满意，那就是有问题，有问题就有需求。

第 11 章 关于视频运营，你还需要了解的内容

那么，怎么发现机会？多观察自己身边的问题。你身边有什么环节总是会让人感到生气？你周围最浪费时间成本的环节是什么？你的客户总是抱怨什么？

面对这些问题，想办法解决它，你就可以收费，就可以盈利。很多商机其实都是走出去看才知道的。走得多了，看得多了，你才能看到问题，才能发现需求。

有流量就有需求，有需求就容易找到供给。如果我们要看哪里是比较好的领域，就看在今天哪个领域白手起家的年轻人居多，那么那里就有机会。年轻人阅历浅，但是勤奋聪明，作为老手的你进入，也不太容易吃亏。

如果一个领域竞争激烈，都是大玩家、大企业、大品牌在竞争，里面的参与者都是经验丰富的老手，创始人中年龄低于 35 岁的人都很少，那么这个领域的利润率会很薄。

反之，就是还不错的领域。

关于创业，最重要的事

创业和打工是两条完全不同的路，就好像战争年代的开疆扩土与和平年代的国家治理，其实并不是同一种思路。历朝历代，在开疆扩土和国家治理上想要做好，都要在不同的时期重用不同类型的人才。对于我们个人也是这样，先了解自己，你是不是一个适合创业的人？或者说你距离成为一名创业者还有多远？这条路真的适合你吗？

如果你打算做一门生意，我建议你拿出 50% 的精力做选择和调研，不能多也不能少。如果少了，很多你本来可以在早期就能发现的坑会被忽略掉；如果多了，你会看到到处都是问题，畏首畏尾的情绪就出现了。

不需要判断这件事有什么难点，因为在执行过程中一定会有问题，只要需求是合理的，逻辑是常规的，成本是承受得住的，那么有什么问题解决它就好了。关键是你要判断在这个市场里，当你进入后，未来会不会有足够的利润空间。如果有，立刻动身。

第 11 章 关于视频运营，你还需要了解的内容

"方向比勤奋更重要，执行比战略更管用。"在当今这个时代，生意好坏与否，更多因素取决于最开始的行业和品类选择。我们不得不承认，每个体系里都是有规则的，在一所学校，权力再大也不可能大过校长，这就是体系和规则。

这个社会就是由各种各样的圈子组成的。每个圈子都有规则，包括学校、企业、国家都有。最后这些圈子放在一起组成了系统，而我们每个人就身处在不同的圈子中。所以，你在一个利润只有100万的企业工作，做得再好，赚的钱也不可能超过100万。你在一个毛利率最高只有10%的行业里，想要赚到11%都要拼了命。

要想打破这个限制，你能做的就是跳出规则。有很多优秀的人，自己赚的钱不够多，但是又无力改变，就是因为他们被这个体系圈住了，出了体系能力不够，在体系内又难以施展。

创业的第一步就是选择体系，选择圈子，所以我才说方向比勤奋更重要。

大多数机会就在你身边，可能是你自己有未被满足的需求，可能是你看到了别人有未被满足的需求。但是很多人看到后，都会有

一个想法：这事要是这么容易，为什么别人不去做？

这种想法其实很合理，但是也容易断送机会。一个极度严谨的人，会要求自己做任何事都调查清楚。但其实调查清楚了，机会也就可能不是他的了。

创业公司和大企业有一点区别是，大企业在年初的时候就已经规划好了全年每一步动作，很多情况下整年的计划都不会变。但是创业公司就要面对很多不确定性。创业公司唯一能做的就是，在执行中解决一个又一个问题。最被大家熟知的典型案例，就是阿里巴巴一开始其实做的是 B2B，后来因为个人买家有需求，才有了淘宝；因为大家买东西使用网银不太方便，才有了支付宝；因为数据太多，数据的存储和处理等成本太高，才有了阿里云。

这就是在执行中寻找战略的方式。我们今天再回头看，这些大企业业务已经成熟，前路也比较明确，也会做很完善的年度计划安排，所以战略变得很重要。

但是公司在创业阶段，就是执行比战略更重要。方法有很多种，很多方法表面上看好像还是互相排斥的，其实那只是因为我们没有做好方法与环境的匹配。在不同时期，对于不同的人，总会有一个最合适的方法和道路。找到它并应用它，成功率就会大增。

用投资的视角看待 UP 主

投资是一辈子的事，可能我老了之后身体和时间都不允许我再创业了，但是我一定会继续做投资。

其实创业也是一场投资，而且投入的不只是钱，还有人。是否要选择走 UP 主这条路，本身就是一个很重要的投资选择。

投资带给我最大的改变就是思维的转变，我能用投资的视角去看待所有的生意。我在这里说关于投资这点事，看似与整个内容的主旨无关，其实很重要。

投资思维有三个关键词：结果导向、适应环境、寻找买卖点。

结果导向

投资只需要做两件事,选中标的,买入和卖出。2015年的那场牛市,一开始是大金融板块领涨,后来是基建板块领涨,再后来是科技板块,最后是小盘股。如果你能够跟对节奏,当年拿到5～10倍的利润也不是问题。但是很多人在下跌之前,账面的浮盈连50%都没有,这是因为选择标的出现了失误。

对于选择什么标的资产,我们会发现每个买了股票的人都能说得头头是道,理由都很充分,可是投资结果却又是另一回事。

创业也好,做UP主也好,说得再厉害,也要看成绩怎么样。我们选择合作伙伴、选择运营、选择方法,就要去看他过去是否做出来过结果。哪怕跨行业,但是做成过别的事情,也是足够的,因为结果本身会说话。

适应环境

资本市场中,唯一不变的就是变化。没有任何一种方法能够永远有效,注重技术指标的人,当牛市来临的时候,他只能赚到第一

第 11 章 关于视频运营,你还需要了解的内容

波上涨的钱;因为跌破了支撑线,他就会出局。注重基本面的投资者,会吃够整个牛市的全部阶段,但同时他也会吃够熊市的大多数阶段。如果以市盈率为买卖参考,投资者就会栽倒在常年市盈率不变而且股价也不变的公司里,也会因为担心风险而错过成长股的上涨空间。

所以,方法不是万能的,只有方法恰好匹配了环境,才能带来足够多的收益。在投资的过程中,投资者需要不断地更新对环境的理解。

我们要知道环境里最重要的一点就是预期。当预期透支过度,股价就会崩盘;当预期刚刚建立,股价就会出现托底,并出现上涨的苗头。

这种思想放到 UP 主上,也很重要。UP 主其实属于媒体行业的一个分支,而媒体需要时刻关注国家的政策方针,并做到与国家的政策方针保持一致。

国家的政策是会变化的,平台的规则也是会变化的。如果你回

头翻看我们的政府文件，会发现在不同年份，我们对于同一件事会有着截然不同的立场。这一切都是为利益结果服务，国家在那时需要 A，就会提倡 A，但是如果有一天 A 发生了变化，那么就要对 A 进行整治。煤炭、房地产、金融、互联网等领域都发生过这样的变化。

我想说的是，任何时候只有你自己能对你的结果负责，如果你看到了变化，不管平台如何保证，不管其他权威的人如何鼓励，当下的一切仅仅是当下。

环境是随时变化的，对于这一点，做媒体的都需要充分理解。

寻找买卖点

投资，当落到执行处，直接决定结果的两个动作，那就是买入和卖出。10 块钱买入，20 块钱卖出，就是翻一倍。买晚了一点，15 块钱买入，20 块钱卖出，收益就只有 30% 了。

进入的时间点很重要，创业和做项目同样是这个道理。有一个历史领域的 UP 主，他们在 2017 年就进入中视频领域了，在过去

第 11 章 关于视频运营，你还需要了解的内容

两年多的时间里，只积累了几十万粉丝，但是在 2020 年，他们的粉丝从几十万涨到了几百万。同样，很多其他的 UP 主，在 2020 年才开始进入这个行业，也做到了几百万粉丝。而另一面，在 2021 年下半年才进入的 UP 主，就没有赶上这样的红利期。

这就是因为在不同的时间点进入，势能是不同的，所以获得的收益也就不同。

买卖点的选择，是评判一个商人的眼光最直接犀利的标准。

后记

看清环境，看清自己

2021年，我开始筹划写这本书，希望将我的经验和知识沉淀下来。这是我很多年以来的想法，我想将我的所见所闻所感记录下来。

在我的观念里，这个世界是一直在变化的，环境在变，人、事、物也都在变，所以不会存在永远通用的方法，但是任何时期都一定会有与环境相匹配的方法。学习方法就是为了带来想要的结果。因此，学习各行各业的经验，见识不同领域的人和事，成了我日常生活中很重要的事情。集百家之所长，看环境用方法，也是我一直秉承的思想。

在这本书里，我希望大家能够看到法，也能够看到道，如果能够给一些年轻人带来商业启蒙，那就再好不过了。

投资、创业、打工都与商业相关，我们每天都在这样的环境中游荡，所以看清环境、看清自己，是我认为在做决策时要考虑的两个最重要的因素。找到适合自己的道路，找到能够达成自我目标的方法。

现在自媒体这条赛道仍然是一条明亮的赛道，每时每刻都有大量的新人出现。踏上一条好赛道不正是好结果的开始吗？

兵法再硬，也需实战打磨，"纸上谈兵终觉浅"。在你读完这本书的那一刻，我更希望的是，你能够在第一时间执行起来。

能走向自媒体和互联网这条路，我第一个感谢的人是佟晓多，是她带我入行的。后来在我成长的路上，又有了更多的朋友陪伴和老师帮助，非常感谢你们这些年陪我一起走过来。

感谢我的同行朋友们——梨核财经、崔德荣、CashLab 卓倫、大刘说说、李自然说、财经林妹妹、烈焰童子、图说不是瞎说、五

后记　看清环境，看清自己

环财经、鑫财经、璐透社、强儿老师、大蜡烛、绝命老铁、智友社侃盘、初尔资本菌、小民哥大冒险等，是你们带给了我经验和见识。不论是看你们的作品，还是跟你们交流，都让我受益匪浅。感谢崔思滢、王佳佳、圣威、程可馨、周柯贝、郭亚勋、余一途等同行好友对我的支持和帮助。

感谢中国人民大学出版社，尤其是编辑闫化平老师对这本书的支持，从书籍的命名到最后的内容编排，他都给出了宝贵的建议。

写书本身就是一件需要耗费大量心血的事情，书中错误再所难免，敬请批评指正。

北京阅想时代文化发展有限责任公司为中国人民大学出版社有限公司下属的商业新知事业部，致力于经管类优秀出版物（外版书为主）的策划及出版，主要涉及经济管理、金融、投资理财、心理学、成功励志、生活等出版领域，下设"阅想·商业""阅想·财富""阅想·新知""阅想·心理""阅想·生活"以及"阅想·人文"等多条产品线，致力于为国内商业人士提供涵盖先进、前沿的管理理念和思想的专业类图书和趋势类图书，同时也为满足商业人士的内心诉求，打造一系列提倡心理和生活健康的心理学图书和生活管理类图书。

《引爆短视频：从孵化到霸屏的营销全攻略》

- 新媒体领域大咖倾心之作。
- 一站式解决短视频应用难点，教你快速吸粉、引流变现，玩赚短视频。

《爆红：让内容、视频及产品疯传的九个营销秘诀》

- 奥美集团广告大师罗里·桑泽兰德倾情推荐，澳大利亚网络消费心理学家布伦特·科克所著。
- 揭示人们病毒式疯传行为背后的心理机制，分享产品、品牌及个人一炮而红的成功秘诀。